# 独角兽
# 还是羚羊？

## 公司治理视角下的
## 新经济企业

郑志刚 ◎ 著

**图书在版编目(CIP)数据**

独角兽还是羚羊？公司治理视角下的新经济企业/郑志刚著.—北京：北京大学出版社,2019.10

ISBN 978-7-301-30779-3

Ⅰ.①独… Ⅱ.①郑… Ⅲ.①上市公司—经济发展—研究—中国 Ⅳ.①F279.246

中国版本图书馆 CIP 数据核字(2019)第 208547 号

| | |
|---|---|
| 书　　　名 | 独角兽还是羚羊？公司治理视角下的新经济企业<br>DUJIAOSHOU HAISHI LINGYANG? GONGSI ZHILI SHIJIAO XIA DE XINJINGJI QIYE |
| 著作责任者 | 郑志刚　著 |
| 责 任 编 辑 | 张　燕 |
| 标 准 书 号 | ISBN 978-7-301-30779-3 |
| 出 版 发 行 | 北京大学出版社 |
| 地　　　址 | 北京市海淀区成府路 205 号　100871 |
| 网　　　址 | http://www.pup.cn |
| 微信公众号 | 北京大学经管书苑(pupembook) |
| 电 子 信 箱 | em@pup.cn　　QQ：552063295 |
| 电　　　话 | 邮购部 010-62752015　发行部 010-62750672<br>编辑部 010-62752926 |
| 印　刷　者 | 涿州市星河印刷有限公司 |
| 经　销　者 | 新华书店 |
| | 890 毫米×1240 毫米　32 开本　8 印张　165 千字<br>2019 年 10 月第 1 版　2019 年 10 月第 1 次印刷 |
| 定　　　价 | 45.00 元 |

未经许可，不得以任何方式复制或抄袭本书之部分或全部内容。
**版权所有，侵权必究**
举报电话：010-62752024　电子信箱：fd@pup.pku.edu.cn
图书如有印装质量问题，请与出版部联系，电话：010-62756370

# 目 录
## Contents

新经济企业为什么在中国发展迅速？（代序） / 1

### 第一篇
### CDR 发行与"独角兽"的回归

港交所"同股不同权"的上市制度改革 / 17
上市制度改革怎么改，"独角兽"才会回来？ / 26
盈利是公司上市的必要前提吗？ / 36
发行 CDR 就意味着"独角兽"回归 A 股了吗？ / 42
CDR：只是刚刚吹响上市制度改革的号角 / 48
CDR 的金融工具属性和投资者权益保护 / 56
独角兽其实就是一只普通的羚羊 / 60

### 第二篇
### "独角兽"上市与资本市场制度建设

上交所科创板的"纳斯达克"之路 / 69
科创板上市，为什么"同股"却可以"不同权"？ / 73

独角兽还是羚羊？
公司治理视角下的新经济企业

为什么高科技企业更加青睐不平等投票权的股权设计？ / 81
我们应该如何反思中国的"金融风暴"？ / 91
避免把资本市场当作政策工具 / 95
从深圳的实践看"产业政策之争" / 99
从上市公司购买理财产品看中国资本市场运行效率 / 105
从"资本金融"与"货币金融"的差异看资本市场监管者的
　使命 / 113

### 第三篇
### "独角兽"的公司治理实践

特斯拉私有化背后：上市公司创始人怎么保障公司控制权？ / 125
从特斯拉看"一股一票"制下如何防范"野蛮人入侵" / 130
阿里合伙人制度的历史痕迹：晋商大盛魁的"万金账制度" / 137
阿里合伙人制度与马云的传承 / 142
如何解读阿里赴港"二次上市"的市场传闻？ / 148
轮值董事长制度的公司治理含义 / 151

### 第四篇
### "独角兽"与新经济发展展望

新经济时代：赢者通吃 vs 赢者分享？ / 159
互联网金融时代的公司治理 / 164
"众筹"下的明清会馆治理及其现代启示 / 171
中民投"爆雷"暴露的公司治理问题 / 179

# 目 录

如果科斯醒过来,会怎么想数字经济? / 182

新金融语境下的公司治理理念转变 / 190

以更加积极包容的心态应对数字经济的挑战 / 205

**从"股东中心"到"企业家中心":公司治理制度变革的全球趋势**
（代后记） / 209

**参考文献** / 245

# 新经济企业为什么在中国发展迅速?*

## (代 序)

**日本经济新闻**:中国初创企业和独角兽企业无论数量还是规模在全球都居于领先地位。请问您认为中国初创企业和独角兽企业发展如此迅速背后可能的原因是什么?

**郑志刚**:独角兽企业(更一般地说,新经济企业)如何能获得持续发展的动力,实现快速稳定发展是我长期思考和关注的课题之一。新经济企业会在中国当前的特定阶段和环境下得到迅速发展,我认为主要有以下几方面的原因。

第一个原因是新经济企业的发展迎合了以互联网技术为特征的第四次工业革命的发展浪潮,并与其有机地融合在一起。应该说,基于互联网技术的产业发展模式和传统产业发展模式在运营、盈利方式等很多方面存在显著的不同。比如说以往看起来"高大上"的银行业,其实就是一个"中间商赚差价"的模式,它以贷款者和信贷者之间的利息差作为主要盈利来源。投资者可以直观地看

---

\* 本文为日本经济新闻社记者对郑志刚教授的采访实录。原文发表于《日本经济新闻》,2018 年 10 月 20 日;收录于本书时有改动。

## 独角兽还是羚羊？
### 公司治理视角下的新经济企业

懂银行的盈利模式，可以基于现金流做投资分析。也许大家注意到，现在在中国有很多二手车交易网站。例如有一个叫"瓜子网"的二手车买卖平台，它们的广告是"买者直接买，卖者直接卖""没有中间商赚差价"。相信很多人听到它们的广告后一定会感到奇怪：他们既然不赚差价，那是怎么赚钱的？这种业务模式的现金流来源显然并不是所有人都能够看得懂。这就是现在所谓的平台经济，它是通过点击流量吸引第三方做广告来实现红利的。

小米科技的创始人雷军曾经说过："站在风口上，猪也能飞起来。"但是问题是，谁也不知道自己是不是已经站在风口上，风口没有到来还是已经过去了。既然现在很多业务模式普通投资者是看不懂的，那就需要把决策权交给那些真正能看懂的企业家。我们看到，以互联网技术为标志的第四次工业革命事实上向企业组织形态提出了一个新的内在需求，那就是创新导向的企业组织重构。围绕着创新本身，企业应该如何重新构建组织结构？未来企业应如何有效组织以适应这种需求？这是一个世界性的课题，全球都在积极探索之中。

第二个原因是市场导向的经济转型为新经济企业的发展创造了有利的外部环境。今年是中国改革开放四十周年。在很多学者所总结的中国改革开放四十年来的经验教训中，很重要的一条经验是"把政府不该管、管不了也管不好的事交给市场去自行调节"。比如光伏产业，政府曾给予很多补贴，结果光伏产业的产能出现了严重过剩。现在我国实施的供给侧改革，很大程度上都是在解决包括光伏产业在内的一些产业的产能过剩问题。另外，在新能源

## 新经济企业为什么在中国发展迅速?

(代序)

方面,政府也给予了很大的财政支持。我注意到一些专家预测,新能源产业有可能成为第二个光伏产业。政府如果放手不管,由企业自己去识别有价值的项目,承担相应的投资风险,企业做出的决策可能更加合乎理性和更加市场化。

中国在从计划经济到市场经济的市场导向的经济转型过程中,政府工作重心逐步转向基础性、战略性产业,而把电子信息等新兴产业交给市场。改革开放由此释放了民间经济发展的活力,为新经济企业赢得了发展空间。这是新经济企业发展需要的基本外部政策环境,也是我认为中国新经济企业得以在过去几十年内迅速发展的重要原因之一。

第三个原因是中国企业家的勤劳和智慧。他们善于思考如何在上述改革开放的外部环境和第四次工业革命的内在需求下进行制度创新。我们知道,国际上通行的创新导向的股权结构安排是发行具有不平等投票权的A、B双重股权结构股票。比如谷歌和脸书发行的就是所谓的A、B股,京东、百度发行的也是A、B股。但是中国的一些企业在实践中逐步发展出了一些独特的股权结构设计来适应这种创新导向的企业组织变革的全球趋势。比如阿里巴巴集团(以下简称"阿里")的第一大股东是日本软银,第二大股东是美国雅虎。阿里没有发行A、B股,而是采取一股一票的股权架构。如果按照传统的观点,阿里会被认为是外资企业,但它显然不是。原因在于,阿里推出了合伙人制度。其核心是通过公司章程背书和股东认可,把公司的实际控制权掌握在阿里的合伙人团队手中。马云持股7%,加上蔡崇信等其他合伙人的股份,合计持股比例也只有百分之十几,但是他们对公司董事会的组织运作拥有实际控制权。所有的高管和非独立董事都来自合伙人。阿里虽然没有发行A、B股,但是通过上述制度创新变相地实现了"不平等投票权"构架。这就是阿里在实践中完成的创新导向的企业组织制度革新。这项制度安排可以保证阿里的合伙人团队在重大创新业务上发挥主导作用,而不必担心"野蛮人"入侵。

另一个例子来自中国腾讯。腾讯2004年在中国香港上市,马化腾和另一位创始人的持股比例加起来只有20%多,也不是控股股东。但腾讯有一个类似于阿里合伙人制度的公司控制权制度设计创新。我把它称为"大股东背书"模式。腾讯的大股东是南非的Naspers。大股东同意其在董事会的人员配比与创始人对等,即马化腾派出的董事会组成人员和大股东派出的董事会组成人员数量相同。CEO(首席执行官)由马化腾提名,CFO(首席财务官)则由Naspers来提名。重大的董事会决议和股东大会决议,必须得到75%或以上的赞成票才能通过。这样就保证了创始人团队在重大问题上有一票否决权。他们就是以这样的方式来完成对腾讯实际控制权的掌握的。所以阿里和腾讯能走到今天,除了业务模式本身很独特,还与其公司治理制度上独具匠心的设计有关系。

刚才我们提到,国际上通行的创新导向的股权结构安排是发行具有不平等投票权的A、B双重股权结构股票。美国Snap在2017年甚至还推出了A、B、C三重股权结构股票。在世界范围内,A、B股已经有一百多年的历史,同股不同权的股权结构甚至在两百多年前就已经出现。但是现在越来越多的人意识到同股不同权

### 新经济企业为什么在中国发展迅速？
（代序）

的股权结构设计更加有利于培育企业家精神，鼓励企业创新。我们知道，孙正义放弃了对阿里的控制权，只在阿里的董事会中派了一位没有表决权的观察员。但是孙正义经常说，他投资了800多个项目，真正赚钱的没有多少，而从对阿里的投资中却赚了很多很多钱。Naspers在2004年投资腾讯时只投了3 000多万美元，到2018年上半年减持时，腾讯股价已经上涨为2004年的一百倍左右。所以我认为软银和Naspers放弃控制权，把自己不懂的业务交给专家，让专家来帮自己赚钱的做法是非常明智的。这是真正的价值投资。

简单总结一下新经济企业在中国发展迅速的原因：第一，迎合了第四次工业革命发展的浪潮；第二，市场导向的经济转型为新经济企业发展赢得了空间；第三，企业家在市场经济环境下创造了很多创新导向的企业组织制度。这三方面的因素构成了中国传统文化中所谓的"天时、地利、人和"，造就了今天这样一个中国新经济企业非常繁荣的局面。

**日本经济新闻**：我们注意到，一些中国民营企业在发展过程中遇到了一些困难和挑战。请问您是怎么看待这件事的？

**郑志刚**：虽然目前的中国五百强企业中，很多是大型的国有企业，但是实际上各行各业的民营企业也支撑了中国经济的半壁江山。现在中国民营企业的发展确实遇到了一些困难，学术界也一直在呼吁，应该给民营企业一个更加稳定的预期。我们在讨论民营企业发展的时候，离不开的一个话题就是国有企业的发展。国有经济始终是中国经济的一个重要组成部分，它和民营经济就像

**独角兽还是羚羊？**
公司治理视角下的新经济企业

孪生兄弟一样，对哥哥的悉心照料可能意味着对弟弟的忽略。我相信政策制定者已经注意到这个问题，并在进行相应的政策调整。政策制定者也在反复强调对民营经济的保护，当然这也需要一个过程。对比，我本人是比较乐观的。经过四十年的改革开放，市场经济的基因已经在中国扎根。只要有一定的温度、阳光和雨露，每个人内在的创业天性就会被激发出来。我今年暑假去阿里调研，碰到一个浙江当地的普通员工，她对我说的几句话让我很震撼。她说，她把每一天都当作生命的最后一天来过。我相信她的每一天，从而整个人生都会过得很精彩。而且她在思考的企业的每一件事似乎都和她们领导考虑的一模一样。这是需要多么好的激励机制设计和企业文化培育才能实现啊！

**日本经济新闻**：现在有很多优秀的中国互联网企业。中国也在逐步推出欢迎独角兽企业回归 A 股的政策。比如小米在香港联合交易所（以下简称"港交所"）上市以后，还可以同时在内地发行 CDR（中国存托凭证）。这些新经济企业在中国未来的经济发展中将扮演怎样的角色？

**郑志刚**：我认为，BATJ（百度、阿里、腾讯、京东）等新经济企业对未来中国经济发展的间接影响主要体现在以下两个方面：

第一，新经济企业的发展会加速中国从传统制造业到服务业的产业升级。在中国，国有企业主要集中在战略性的基础产业，而大部分新经济企业集中在服务业。现在所说的产业升级，就是要降低传统农业和制造业的比重，提高服务业的比重，并相应提高各个产业的高科技含量。所以，新经济企业的蓬勃发展会加速中国

# 新经济企业为什么在中国发展迅速？
（代序）

未来的产业升级。

第二，随着国有企业混合所有制改革（以下简称"国企混改"）的深入，包括BATJ等新经济企业在内的民营企业，作为投资方会深度参与国有企业的公司治理，会对传统国有企业的公司治理构架进行改良和优化，从而有助于国有企业完成混合所有制改革。国企混改中一个重要的方面就是引入战略投资者，而战略投资者中有很多就来自BATJ等新经济企业。例如，中国联通2017年完成了混改，其中BATJ都进行了投资。原来联通集团是由国资委百分之百持股，联通集团持有中国联通60%的股份。经过混改之后，这一比例下降到36%。这种混改的好处是强调分权控制，引入战略投资者之后达到互相制衡，避免国有企业通常面临的"管人管事管企业"的监督过度的问题。混改之后，如果联通集团提出一个并不符合中小股东利益的议案，那么京东和阿里即使存在竞争关系，在这种情况下也会坚定地站在一起说"不"。这种通过引入民资背景战略投资者实现的混改对国有企业来说是一个新的发展契机。就像中国联通，在经过引入BATJ等战略投资者的混改以后，其在经营绩效和内部管理等各个方面都比以往有所改进。

所以，新经济企业对未来中国经济的间接作用体现在：第一，有助于加速中国从传统制造业到服务业的产业升级；第二，有助于改良、优化传统国有企业的公司治理结构，成为推动国有企业改革的一股全新力量。现在地方上的有些国有企业选择把控制权让渡给民营企业，董事长和总经理由战略投资者来推荐。比如天津的北方信托等国有企业已经开始在做这项工作了。当然对于央企，

**独角兽还是羚羊?**
**公司治理视角下的新经济企业**

这种改革还是会比较困难,因为基础性的战略产业是一定要由国家控股的。比如中国联通,在完成混改后,联通集团依然持有具有相对否决权的36%的股份。但毕竟在引入了BATJ之后,中国联通的公司治理得到了改善。

**日本经济新闻**:有人担心BATJ会"赢者通吃"。在重要的产业布局中,我们都会看到这几家企业的影子。您怎么看待这个问题?

**郑志刚**:中国人现在的衣食住行确实都越来越离不开BATJ这些巨头了。普通消费者对它们的感情是既爱又恨。一方面,生活因它们而变得越来越便利了;但是另一方面,一些女士会忍不住在本来可以不花钱的地方花钱,小孩会花太多时间玩家长并不愿意让他们玩的游戏。我今年在阿里做调研的时候,也是带着以下问题:未来的我们会不会生活在这些巨头的阴影之下?后来我发现这个担心其实是没有必要的。首要的原因是互联网时代恰恰创造出了太多的市场空间,靠几家企业是没有办法完成对所有领域的覆盖的。举一个例子。阿里旗下有一家银泰商厦,最初在港交所上市,后来被阿里私有化进行新零售改造。银泰内部基于阿里的电子商务技术非常先进,但是它主要针对目标客户的需求,并没有针对所有客户的需求,因为物流始终是其发展的一个瓶颈。其目标客户群体是24—29岁的年轻女性,而像我这样的客户对它来说基本上可以忽略不计。所以说,它不可能也不愿意覆盖所有的需求。

我也注意到小米公司,它会针对不同的群体做调研,将手机里多余的用处不大的功能删除,同时加强一些经常使用的功能,使成

# 新经济企业为什么在中国发展迅速？
（代 序）

本结构大为优化，成本大为降低，从而提供一种全新类型的智能手机。这事实上也是一种业务模式，精准地针对不同客户进行营销。由于消费者的需求是多样化的，互联网只会使我们的生活更加丰富多彩，但是由于物流的瓶颈，不是一家或者几家企业可以覆盖所有领域的。所以，未来一定会有很多企业给消费者提供服务。

其次，基于互联网技术的创新创业会变得十分便利，技术理念可以很快地被复制、被模仿，所以"一家通吃"是很难的。伴随着互联网技术的发展，总会有新的产业不断涌现。像 ofo 和摩拜等共享单车，在早期是一个成功的创业模式，因为它们看到了"家门口最后一公里"交通需求的巨大空间。但是其失败之处在于：其一，技术理念在短期内可以被复制；其二，没有配套的商业环境和对应的政策。基于互联网技术发展的创新很多，对政府的监管也提出了挑战。政府有时还搞不清楚这些商业模式，甚至还没有反应过来。但由于涉及外部性的问题，政府对企业的监管任何时候都是需要的。现在面临的问题是企业业务发展日新月异，以前从来没有过的商业模式或者产品不断地诞生，所以政府面临监管滞后，以及如何在确保公共利益不受损失（例如个别网约车用户受到的人身伤害）与适应产业的发展变化、不对新兴产业发展形成障碍之间寻求平衡的问题。

由于企业之间的理念模仿和复制会非常多，我们看到，激烈的竞争给中国企业家带来的挑战是很大的。如何在竞争中存活下来，企业也在不断地探索，这恰恰同时成为推动中国经济发展的力量。比如网约车，从个人角度来讲，它确实给我们的生活带来了方

**独角兽还是羚羊？**
**公司治理视角下的新经济企业**

便。但是网约车也确实面临客户安全等方面的挑战,所以必须不断地解决问题才能发展下去。只有在这种竞争环境和不断解决问题的过程中,才能诞生伟大的企业。

我同时认为,中国初创企业的野蛮生长时期已经过去,流量的红利正在消失,现在光靠流量打广告来赚取利润的时期已经过去了。所以未来企业一定要开创非常独特的业务模式才能立于不败之地。当然也一定会有新的企业诞生,因为一旦给每个人以创新的空间,创业者和创业企业就会层出不穷。未来,新兴的创业企业是一个方面,创业之后如何持续发展下去是另外一个方面。所以我们称之为"赛道",这是一个马拉松式的比赛,"鸣枪"的时候可以有很多企业一起跑、一起竞争,至于最后谁能跑到 20 千米、30 千米、40 千米,就要看公司的创新模式和机遇了。

**日本经济新闻**:BATJ 在中国境外开展的业务似乎并不像在境内那样成功,您怎么看这个问题?

**郑志刚**:这个也正是现在这些新经济企业在积极思考的问题。消费涉及生活习惯和文化偏好,因此这些新经济企业掀起的消费革命,需要一个消费模式被接受的过程。一旦这种消费模式被接受,就容易开展业务了。需要注意的是,第四次工业革命可能并不会像前三次工业革命那样,给人类社会和文明带来颠覆性的变化,我认为,只会是在小范围内提升人们的生活品质。正是由于中国市场空间巨大,因此很多创新得以迅速地转变为能实际提升人们生活品质的技术和服务,巨大的消费需求和大幅的品质提升促进了技术的实际应用,所以很多新兴企业在中国取得了成功。

## 新经济企业为什么在中国发展迅速?
（代序）

中国很多新经济企业,包括阿里和腾讯,它们的第一桶金都来自境外的投资。现在也有很多境外的资金在中国境内寻找投资机会,同时 BATJ 等也在其他国家和地区寻找投资机会。相信它们凭借智慧和勇气走向世界也是可以获得成功的。比如阿里,其人为创造的"双十一"网购狂欢节,现在不仅是境内的消费狂欢节,很多境外的消费者也加入了"双十一"的消费行列。我之所以说它是"人为"打造的购物狂欢节,是因为它完全不同于美国基于新移民与印第安土著居民的历史冲突逐步形成的具有历史和文化元素的感恩购物节。

那么,BATJ 未来会不会成为类似于脸书、谷歌这样的伟大的国际性企业呢？现在新经济企业的寿命一般都会比传统企业短,比如以前的王安电脑、摩托罗拉手机,等等。马云的计划是要把企业做 101 年,因为刚好横跨三个世纪。虽然比较困难,但是中国改革开放 40 年以来,确实诞生了很多伟大的企业。作为学者,我为这些伟大的企业和这些企业背后伟大的企业家感到骄傲。比如马云,他的企业传承计划做了 10 年,阿里目前正在完成从第一代管理者到第二代管理者的传承。如果能成功解决这一世界性难题,我想这会同阿里的业务发展一样,成为管理实践中的一个伟大创举。但是这些企业最后能走多远,我确实不知道。

**日本经济新闻**：您怎么看待独角兽企业？

**郑志刚**：我一直主张不要过分神化新经济企业,人为塑造所谓的独角兽企业,我更愿意把它们看作现代企业围绕业务模式和企业制度正常的创新和发展。因此,我曾经写过一篇文章《"独角兽"

## 独角兽还是羚羊？
### 公司治理视角下的新经济企业

其实就是一只普通的羚羊》。很多今天被称为"独角兽"的企业，我们必须承认，它们的确有很独特的商业模式，但我认为这些也只是在特定业务模式上的创新。我反对刻意地去神化这些企业，因为这样做的弊端很多。首先，投资者的利益会受到损害。现在很多企业的业务发展模式连专家也看不懂，更何况普通投资者。最终利益受损的总是这些普通投资者。其次，从长期看，独角兽企业本身会受到伤害。一些独角兽企业负责人在上市前几次调整估值的预期。因为在这种神化独角兽企业的舆论氛围下，一个企业家很难保持理性，他有时甚至会忘记自己是谁。最后，这对创新氛围本身也是不利的。现在大家都是一股脑地"砸钱"，后来才发现有时创新的概念多于实质，所做的并不是真正的创新；真正的创新反而被忽略了。这事实上是我写《"独角兽"其实就是一只普通的羚羊》这篇经济评论文章的真正目的。

**日本经济新闻**：您对这些新经济企业的未来发展趋势和外部环境有何期待？

**郑志刚**：现在的中美贸易摩擦会给新经济企业的发展带来一定的影响，而且在现在的博弈环节，会有很多政策的不确定性，以及由此带来的对未来预期的不稳定性。这些无疑都会给新经济企业的发展带来影响。但我认为对于中国新经济企业的发展，最重要的问题还是信心，而信心问题源于新经济企业对未来政府政策预期的不确定和不稳定。只要给它们一个稳定的预期，告诉它们，中国就是要保护民营企业，大力发展民营企业，这样的话，尽管中美贸易摩擦短期内对它们的发展是有影响的，但是从长期来看，影

## 新经济企业为什么在中国发展迅速？
(代序)

响也不会太大。

从另外一个角度讲，这些存在的影响同时也为中国企业从事新一轮的制度创新带来了机会。我个人保持乐观的理由就像刚才我所说的，在中国，市场经济的基因已经种下了，大家都已经从中尝到了甜头。现在虽然有各种各样的困难，包括中美贸易摩擦所带来的不确定性，但是由于我们有了市场经济这个内在的基因，因此企业会主动地去加以克服。企业可能会面临短期的困难，但是我认为这一局面在未来还是会扭转过来的。所以，我对中国新经济企业的发展还是抱着乐观的态度，虽然这一发展道路上可能会有很多的曲折。

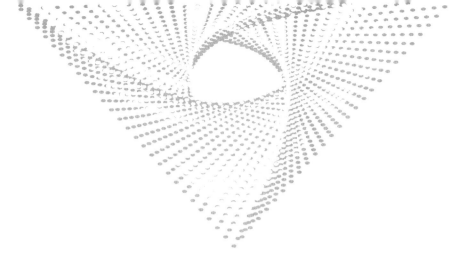

# 第一篇
## CDR 发行与"独角兽"的回归

为了结束一些优质企业"境内盈利,境外分红"的局面,迎合席卷全球的互联网时代新经济企业快速发展的趋势,我国在2018年年初希望通过推出中国存托凭证(Chinese Depository Receipt, CDR)来吸引新经济企业,并实现"独角兽回归A股"。

然而,由于CDR在属性上是介于没有投票权的普通股与未承诺回报率的债券发行之间的一种金融工具,CDR在境内的发行流通不可避免地面临监管真空和公司治理真空等潜在问题。要想实现独角兽真正回归A股,我们需要从降低盈利门槛、包容"同股不同权"构架等基本市场制度改革方面加以改进。

按照严格的定义,独角兽企业指的是成立不超过10年、接受过私募投资、估值超过10亿美元、发展速度快且数量少的初创型企业。独角兽企业从出现之日起,就由于极大地满足了人类对财富快速增长的好奇心和想象力,而迅速成为资本市场上投资者追捧的对象。我们主张,无论是拟上市企业、投资者还是监管当局,都应该从关于独角兽企业的各种美丽的传说回归到独角兽企业创造价值的本质上来。"独角兽其实就是一只普通的羚羊。"

# 港交所"同股不同权"的上市制度改革<sup>\*</sup>

2017年12月15日晚间,港交所宣布启动新一轮上市制度改革。主要内容是将在主板上市规则中新增两个章节,其中一个重要章节即是"接受同股不同权企业上市"。此次改革被认为是香港资本市场24年来最重大的一次上市制度改革。

港交所此次推出的上述改革举措显然并非一时心血来潮。这一改革的最初缘起与2014年阿里巴巴集团(以下简称"阿里")在中国香港上市的失败和之后在美国上市的成功有关。曾经挂牌P2P(互联网借贷)业务的港交所一度是阿里优先考虑的上市目的地。但持股比例并不高的马云等合伙人希望通过董事会组织获得对阿里的实际控制,而这显然是当时仍然奉行"同股同权"原则的港交所无法接受的。阿里被迫选择到接纳"同股不同权"构架的美国上市,并获得巨大成功。时任阿里CEO的陆兆禧先生在阿里放弃在香港上市后曾明确提到,"今天的香港市场,对新兴企业的治理结构创新还需要时间研究和消化"。面对类似阿里这样的优质上市公司流失,港交所从那时起即开始反思,并尝试推出相关的改

---

\* 本文曾以《港交所"同股不同权"的上市制度改革的苦心》为题发表于FT中文网,2018年1月2日;收录于本书时有改动。

**独角兽还是羚羊?**
公司治理视角下的新经济企业

革举措。近年来,港交所不断传出修改"同股同权"上市制度的传闻。例如,2017年6月16日,港交所就设立创新板及检讨创业板征求市场意见,并提到拟有条件允许公司采用"同股不同权"构架在港上市。

从港交所的相关声明中,我们看到,港交所做出上述政策调整的重要依据是最近几个月来完成的公开咨询。港交所表示,"绝大部分回应意见都视不同投票权架构为关乎竞争力的议题,因此大多支持容许不同投票权架构公司在香港上市"。港交所行政总裁李小加先生在其网志中进一步解释说:"其实,我们无意改变任何投资者对于这类多元化公司的既定喜好,我们只是想把上市的大门再开得大一点,给投资者和市场的选择再多一些,因为不想把非常有发展前景的新经济公司关在门外。"①

2014年9月19日阿里在美国纽交所上市后不久,笔者在评论文章中即指出,"监管当局应正视并积极回应上述公司治理结构创新的合理性,并着手研究,以在未来适当时机推出适应上述创新的更加灵活的上市政策"②。

我们知道,阿里是在形式上遵循"同股同权"构架(阿里没有发行双重股权结构股票,即A股和B股,而是只有一种股票),但通过合伙人制度变相地形成了"同股不同权"的不平等投票权。那么,同样是不平等投票权,阿里推出的合伙人制度与京东发行的双重

---

① 李小加.新经济、新时代,香港欢迎您![EB/OL].(2017-12-15)[2018-01-01]. https://www.hkexgroup.com/Media-Centre/Charles-Li-Direct/2017/Shaping-the-future-of-our-IPO-market?sc_lang=zh-HK

② 参见郑志刚.阿里上市启示录[J].21世纪商业评论,2014(23):24-25.

第一篇
CDR 发行与"独角兽"的回归

股权结构股票又有哪些相同和不同之处呢？从那时起，我们的研究团队就开始进行阿里合伙人制度的案例研究，以便系统地回答这些问题。我们的研究表明，借助合伙人制度，阿里完成了创业团队与外部投资者之间从短期雇佣合约到长期合伙合约的转化，因而阿里合伙人制度的推出预示着公司控制权安排的新革命。①

基于我们的研究和观察，港交所此次"同股不同权"上市制度改革的意义显然并非李小加先生所指出的"给投资者和市场的选择再多一些"那么简单。从 2014 年开始，利用各种论坛、会议、演讲和新书发布会等场合，笔者多次呼吁我国内地资本市场尽快推出"同股不同权"的上市制度。这样做不仅可以提高我国内地资本市场吸引优质企业上市的竞争力，而且更加重要的是，这将是一次加快我国内地资本市场和公司治理制度纵深建设的重要契机。在上述意义上，这次笔者对港交所"同股不同权"上市制度改革的评论算是在以往努力基础上的"再次呼吁"。

事实上，"同股不同权"的公司控制权安排模式并不是最近几十年才出现的新生事物，历史上就曾多次出现过。除了两百多年前曾在美国出现的用来限制大股东权力、防范大股东剥削小股东的渐减投票权(graduated voting rights)，对"同股同权"原则构成直接挑战的是双重甚至多重股权结构股票。从表面上看，又被称为"不平等"投票权股票的双重股权结构股票似乎与"同股同权"原则所宣扬的"平等"格格不入。

---

① 参见郑志刚,邹宇,崔丽.合伙人制度与创业团队控制权安排模式选择——基于阿里巴巴的案例研究[J].中国工业经济,2016(10):126-143.

### 独角兽还是羚羊？
#### 公司治理视角下的新经济企业

  在发行双重股权结构股票方面，来自中国企业的一个典型例子是 2014 年在美国纳斯达克上市的京东。京东同时发行两类股票。其中，A 类股票每股具有 1 份投票权，B 类股票每股则具有 20 份投票权。出资只占 20% 的创始人刘强东通过持有 B 类股票，获得了 83.7% 的投票权，实现了对京东的绝对控制。2017 年 3 月 2 日在美国纽交所上市的 Snap 公司甚至推出了三重股权结构股票。其中，A 类股票没有投票权，B 类股票每股具有 1 份投票权，而 C 类股票每股具有 10 份投票权。分享全部 C 类股票的两位联合创始人 Evan Spiegel 和 Bobby Murphy 合计拥有该公司 88.6% 的投票权，Snap 的控制权由此被牢牢掌握在两位联合创始人手中。

  而阿里则是形式上在"同股同权"框架下，但按照不平等投票权股票设计逻辑开展公司控制权制度安排创新的一个有趣案例。从阿里的股权结构来看，第一大股东、日本孙正义控股的软银和第二大股东雅虎分别持有阿里 31.8% 和 15.3% 的股份。阿里合伙人共同持股 13%，其中马云本人持股仅 7.6%。这使得国内一些学者发出"马云是为日本资本家孙正义打工吗？"的质疑，并错误地把阿里获得的成功看作日本对中国经济的重新控制和"新甲午战争"的胜利。

  这些学者之所以做出上述错误判断，很大程度上与没有跳出"同股同权"思维以及受我国"一股独大"公司治理模式实践影响有关。根据阿里公司章程的相关规定，以马云为首的阿里合伙人有权任命阿里董事会的大多数成员。从 10 人组成的阿里董事会来看，除了 5 名外部董事，5 位执行董事全部由合伙人提名。阿里大部分的执行董事和几乎全部重要高管都由阿里合伙人团队成员出

# 第一篇
## CDR 发行与"独角兽"的回归

任。持股比例高达 31.8% 的软银并没有像在我国"一股独大"治理模式下所司空见惯的那样,作为大股东主导公司治理制度安排。软银不仅没有直接委派董事和董事长,而且还放弃了董事候选人的提名权,仅仅在董事会中委派了一名不参与实际表决的观察员。而持股 15% 的雅虎更是连观察员都没有委派。阿里合伙人由此成为阿里的实际控制人。软银和雅虎通过支持合伙人制度,将阿里的实际控制权交给持股比例仅 13% 的阿里合伙人团队。阿里合伙人团队由此可以专注于业务模式创新,而软银等却通过放弃控制权赚得钵满盆满。我们看到,通过推出合伙人制度,阿里变相地形成不平等投票权。如果非要套用"谁为谁打工,谁雇佣谁"的表达方式,则某种程度上,阿里的成功恰恰标志着"中国劳动"对"其他国家资本"的雇佣。这更是在对股东意愿的充分尊重之下资本和劳动双方之间的合作共赢。

从实质看,它依然是对股东作为公司治理权威享有的所有者权益的事实尊重,只不过以看起来"不平等"的方式("同股不同权")实现了股东收益最大化所带来的更加平等的结果。我们以京东发行的双重股权结构股票为例。投资者是否愿意购买以及以什么价格购买与 B 类股票投票权不同的 A 类股票,完全是标准的市场行为。由于 A 类和 B 类股票的投票权不同,因而控制权和影响力不同,一个可以想象并被经验证据证明的结果是,具有更高投票权的 B 类股票的价格要高于 A 类股票。

那么,为什么说港交所此次"同股不同权"上市制度改革并非"给投资者和市场的选择再多一些"那么简单,而是公司治理控制

**独角兽还是羚羊?**
公司治理视角下的新经济企业

权安排的重要制度创新呢?

第一,通过"同股不同权"上市制度改革,"同股同权"框架下的股东与经理人之间的关系具备了由之前的短期雇佣合约向长期合伙合约转变的可能性。亚当·斯密在《国富论》中早就提及:"在钱财的处理上,股份公司的董事是为他人尽力,而私人合伙公司的伙员,则纯为自己打算。所以,要想股份公司的董事们监视钱财用途,像私人合伙公司伙员那样用意周到,那是很难做到的。有如富家管事一样,他们往往拘泥于小节,而殊非主人的荣誉,因此他们非常容易使他们自己在保有荣誉这一点上置之不顾了。于是,疏忽和浪费,常为股份公司业务经营上多少难免的弊端。"[①]在"同股同权"框架下,我们可以用"流水的经理人,铁打的股东"来形容上市公司,经理人处于"打工仔"地位,随时面临被辞退的风险。但通过推出"同股不同权"的上市制度,公司开创了"铁打的经理人,流水的股东",甚至"铁打的经理人,铁打的股东"的新局面。这为股东和经理人建立长期合伙人关系提供了可能。Jensen 和 Meckling 早在 1976 年即注意到,雇佣关系下的经理人"打工仔心态"是股东与经理人代理冲突的重要表征。[②] 经理人股权激励作为重要的政策建议那时就开始被提出,并在公司治理实践中被普遍地采用。其目的就是协调股东与经理人之间的代理冲突,使经理人同时成为股东。只不过与股权激励计划往往是针对不同经理人提出不同

---

① 亚当·斯密. 国富论(上下册):英文珍藏版[M].西安:陕西人民出版社,2005:678.
② Jensen, M. C. and Meckling, W. Theory of the firm: Managerial behavior, agency costs and ownership structure[J]. Journal of Financial Economics, 1976,3(4): 305-360.

# 第一篇
CDR 发行与"独角兽"的回归

方案不同,"同股不同权"上市制度安排则不仅使得经理人开始即持有股权,而且使股东心知肚明经理人将成为自己未来必须长期面对的稳定合伙人。

第二,通过"同股不同权"上市制度改革,股东和经理人之间实现了专业化的深度分工。现代股份公司由于实现了资本社会化和经理人职业化的专业化分工,与控制权和经营权不分的新古典资本主义企业相比,极大地提升了管理经营效率,带来了人类财富的快速增长。但毫无疑问,在"同股同权"框架下,作为公司治理的权威,股东依然有影响经理人的经营决策的途径。例如,股东通过委派董事,可以在股东大会上直接行使否决权利,甚至提出罢免全体董事的临时议案。而京东双重股权结构股票和阿里合伙人制度的推出恰恰有助于实现专业化的深度分工。一方面,由刘强东、阿里合伙人等专注业务模式创新;另一方面,则由持有 A 类股票的外部投资者和软银、雅虎等股东专注风险分担。这事实上也是现代股份公司诞生以来公司控制权安排制度创新所一直秉持的专业化分工逻辑的延续。

第三,"同股不同权"上市制度的客观好处是可以有效防范"野蛮人"入侵,这对于进入分散股权时代的我国资本市场意义尤为重大。从 2015 年万科股权之争起,我国上市公司第一大股东平均持股比例开始低于被认为象征"一票否决权"的 33.3%。这标志着我国资本市场开始进入分散股权时代,"野蛮人"出没和控制权之争由此将成为我国资本市场的常态。然而,我们看到,当万科创始人王石率领的管理团队由于"野蛮人"的入侵而焦头烂额、寝食难安时,阿里合伙人与刘强东通过上述公司控制权安排可以心无旁骛地致力于业务模式创新,业务发展一日千里。一方面,王石管理团队与宝能等围绕"谁的万科"争论不休;另一方面,阿里不仅是软银、雅虎的阿里,而且是马云创业团队的阿里,是大家的阿里。这事实上同样是双重股权结构股票在经历了近百年的"不平等"指责后重新获得理论界与实务界认同的重要原因之一。"同股不同权"的双重股权结构股票看似"不平等",实际上却更好地实现了对投资者权益的平等保护。

第四,面对资本市场中众多的潜在投资项目,公司敢于选择以"同股不同权"方式上市,显然向投资者展示了创业团队对业务模式的自信,成为有助于投资者识别独特业务模式和投资对象的信号。如果说旧车市场是靠质量担保来传递旧车质量的信号,那么,"同股不同权"相比于之前的"同股同权",在资本市场上构成了博弈论中的分离战略,成为传递公司业务模式独特性的重要信号。这是我们在分析阿里在美国成功上市的启示时的重要发现之一。

虽然阿里合伙人制度和京东双重股权结构都属于"同股不同权"构架,但二者之间又存在哪些不同呢?其一,长期合伙合约下的阿里合伙人团队成为阿里事实上的"不变的董事长"或"董事会中的董事会",实现了"管理团队事前组建"和"公司治理机制前置"。前者通过优秀人才的储备和管理团队磨合成本的减少,后者通过雇员持股计划的推出和共同认同的企业文化的培育,共同使阿里的管理效率得到极大提升,进而实现交易成本的进一步节省。这是阿里合伙人制度十分独特的地方。其二,两种控制权安排的

# 第一篇
## CDR 发行与"独角兽"的回归

退出机制不同。双重股权结构股票在实践中已经形成一定的制度雏形和实操规则。例如,理论上,如果刘强东有一天希望选择出售所持有的 B 类股票,这些股票将自动转换为 A 类股票。这意味着,届时京东将从"同股不同权"框架重新回到传统的"同股同权"框架。新股东将根据持股多寡选择董事会,董事会进一步按照公司治理最优实践来选择能够为股东带来高回报的全新管理团队。然而,在阿里合伙人制度中,目前我们尚未发现这种潜在的退出机制,虽然我们注意到阿里公司章程中有"当马云持股不低于 1%时,合伙人对阿里董事会拥有特别提名权,可任命半数以上的董事会成员"的相关规定。阿里合伙人制度的建设和完善由此也成为未来影响阿里持续稳定发展的一个不容忽视的因素。正如在三年多前阿里上市后不久笔者在评论文章中指出的,"好在马云和他的阿里巴巴天然带着'市场'这一良好的'基因',也许可以通过未来进一步的制度创新来克服今天公司治理结构创新所面对的挑战"①。

港交所这次在进行"同股不同权"上市制度改革方面无疑再次走到内地资本市场的前面。我们希望借此机会再次呼吁:未来内地资本市场应逐步放松对一股一票原则的要求,允许新兴产业创业团队通过发行具有双重股权结构的股票实现上市,甚至像阿里一样推出合伙人制度。至于是否有投资者愿意购买形式上和/或实质上具有不平等投票权的股票,以及以什么价格购买,市场将会形成理性的判断。

---

① 郑志刚.阿里上市启示录[J].21 世纪商业评论,2014(23):24-25.

# 上市制度改革怎么改,"独角兽"才会回来?*

中国境内资本市场正处于上市制度改革的前夜。以阿里、百度、腾讯等为代表的独角兽企业纷纷离开作为其业务主战场的内地,赴境外上市。谁能吸引这些新经济企业赴本地资本市场上市,谁就能为资本市场的未来发展注入新的活力。如何使"独角兽"回归 A 股这个问题已经摆在中国资本市场研究者、实践者和监管者的面前。

## 一、上市制度改革的全球背景

2018 年 4 月,港交所宣布允许"同股不同权"构架的公司赴港上市。无独有偶,2018 年 1 月,新加坡股票交易所也推出了类似制度。目前,全球主要证券交易所纷纷改革上市制度,以适应资本市场的新变化,吸引新经济企业上市。

---

\* 本文根据作者在中国人民大学重阳金融研究院以"如何吸引'独角兽'回归 A 股?"为题的讲座内容整理而成,曾以《吸引"独角兽"回归须改革上市制度》为题发表于《中国经济报告》,2018 年第 6 期;收录于本书时有改动。

# 第一篇
## CDR 发行与"独角兽"的回归

以纽约证券交易所(NYSE)和纳斯达克(NASDAQ)为代表的美国资本市场凭借其灵活的制度安排、完善的上市规则,受到全球优质公司的青睐。2018 年 4 月 3 日,一家流媒体音乐平台 Spotify 以"直接上市"的方式登陆纽约证券交易所。"直接上市"是纽约证券交易所推出的一种全新的上市模式。与传统 IPO(首次公开募股)需要投资银行完成相关承销工作不同,"直接上市"并不发行新股,而是维持原有股权结构,因而并不需要承销商参与。投资银行从传统 IPO 业务中收取的佣金直接折半。"直接上市"公司的股票开盘价由当日的买单和卖单确定。正是在上述背景下,各国资本市场纷纷改革上市制度,以吸引"独角兽"来本国资本市场上市。

2018 年 3 月,中国证监会出台了《关于开展创新企业境内发行股票或存托凭证试点的若干意见》(以下简称《意见》),并于 5 月进一步出台了《存托凭证发行与交易管理办法(征求意见稿)》。《意见》出台的主要目的包括三个方面:第一,鼓励创新企业发展;第二,终结部分新经济企业"境内盈利,境外分红"的模式;第三,吸引新经济企业回归 A 股上市。《意见》的出台引起了社会的重点关注,市场反应强烈。

## 二、发行 CDR 就实现了"独角兽"回归 A 股吗?

《意见》中十分突出的一条是境外上市公司可以在中国境内发行存托凭证,即 CDR,以实现对 A 股的回归。CDR 是指已在中国境外上市的新经济企业在中国境内发行的用于代表境外股票等基础证券权益的金融工具。CDR 的发行受到市场的普遍认同。首先,CDR 为阿里、腾讯这类境外上市公司提供了一个成本相对低廉的新融资途径。阿里、腾讯在扩张过程中需要大量资金支持,融资渠道越多,成本越低,越有利于公司发展。其次,CDR 的发行为券商、投资银行提供了新的利润增长点。最后,CDR 作为新的资产配置途径,对于投资者完善投资组合、分散风险具有积极的意义。

需要指出的是,《意见》强调境外上市公司可以在境内发行 CDR,并不意味着境外上市公司回归 A 股。境外上市公司发行 CDR,公司仍旧在境外上市,只是同时在中国境内发行相应的融资工具而已。这些"独角兽"在境外上市时多选择"同股不同权"和 VIE(可变利益主体)构架。一些媒体由此将《意见》的出台与"同股不同权"、VIE 构架的修改联系在一起,甚至将其解读为中国内地资本市场已经同中国香港地区和新加坡的资本市场一样,允许"同股不同权"构架的新经济企业在 A 股直接上市。这是非常错误的解读。

《意见》明确指出,"证监会根据证券法等法律法规规定,依照现行股票发行核准程序,核准试点红筹企业在境内公开发行股票""试点企业在境内的股票或存托凭证相关发行、上市和交易等行为,均纳入现行证券法规范范围",而"试点红筹企业股权结构、公司治理、运行规范等事项可适用境外注册地公司法等法律法规规定"。这意味着,对于大多数发行 CDR 的新经济企业而言,除非以从美国退市的方式重新在 A 股上市,否则由于在境外上市的基本状态没有发生改变,因而并不涉及改变"同股不同权"和 VIE 架构,以适应 A 股市场上市要求的问题。

### 三、CDR 的本质和推出原因

让我们简单回顾一下 CDR 的发展历史。1927 年,英国政府禁止本国企业在海外上市。但是为了实现海外企业融资,一种名为美国存托凭证(American Depositary Receipt,ADR)的金融工具应运而生,这就是存托凭证最早的形式。从投资的角度来看,CDR 不属于 IPO 的范畴,只是一种金融工具或是证券品种。

在目前阶段,中国推出 CDR 的重要原因是为了在一定程度上绕过或者回避企业重新在 A 股上市必须符合《中华人民共和国证券法》(以下简称《证券法》)和《中华人民共和国公司法》(以下简称《公司法》)的相关规定。基础性上市制度变革需要一个过程,对《公司法》的修改需要耗费大量时间,而发行金融工具则更加便利灵活。因此,中国推出 CDR 的本质就是在短期内利用金融工具代替长期基础性上市制度变革的"权宜之计"。

### 四、CDR 存在的问题

(一)监管真空问题

发行 CDR 这一金融工具的主体是在境外上市的新经济企业,但是相应的 CDR 流通业务是在中国境内。这里就会出现监管真空的问题,境内金融监管当局会因企业在境外注册上市而无法跨越法律和技术上的监管障碍。CDR 由此特别容易成为市场投机和套利的工具,特别是当 CDR 与"阿里""腾讯""独角兽""新经济"这类词语联系起来时,投机的味道就显得特别浓厚。

(二)公司治理真空问题

从投资者的角度来看,投资者持有的 CDR 是一种金融工具,并非公司股票,因此投资者不是公司股东,也不具有表决权。股票背后体现的是所有者权益,股东以在股东大会上表决的方式实现对利益诉求的保护;而持有 CDR 的投资者表面上可以分享新经济企业发展的红利,但并不享有投资者权益之"实"。例如,由于 CDR 没有健全的公司治理保障机制,如果境外上市公司的股东或管理层不执行红利的发放,CDR 的投资者将缺乏相应的途径与股东和管理层制衡,以保障自己的权益,因此 CDR 的发行伴随着公司治理真空的问题。

## 五、推出 CDR 的积极意义

CDR 是一个金融工具和理财产品,它的推出无疑具有十分积极的意义。

第一,CDR 拓宽了境内投资者的投资理财途径。金融监管当局推出 CDR 是以往监管思路的延续。近年来,监管当局陆续推出"沪港通""深港通"以及"沪伦通"等,目的是让资本市场互联互通,拓宽境内投资者的投资渠道。推出 CDR 也可以使得境内投资者间接分享境外新经济企业的发展红利。

第二,发行 CDR 可以在短期内实现上述目标,但本质上 CDR 的发行并非新经济企业对 A 股的真正回归。CDR 的推出为投资者拓宽投资渠道提供了新的路径,标志着中国资本市场上市制度改革的号角已经吹响。

## 六、上市制度改革的目标

**短期目标**:让"独角兽"回归 A 股。目前"独角兽"已经发展得非常成熟,当年本就不该走,现在回来当然受欢迎。但一些学者对此有不同看法,认为"独角兽"当年走的时候是一个充满朝气的"年轻人",现在回来是带着满身的"赘肉"。但总体而言,"独角兽"回归 A 股还是有积极意义的。

**长期目标**:通过"独角兽"的回归来推动中国资本市场基础性制度变革,以开放促改革,使资本市场真正成为新经济发展的助力。

有媒体和学者担心"独角兽"回归 A 股后可能会变成"毒角兽"。在笔者看来,最重要的是通过让"独角兽"回归 A 股,促进中国上市制度的基础性变革,回归以后,再通过完善市场机制和公司治理,让投资者来识别和选择,防止"独角兽"变成"毒角兽"。

## 七、上市制度改革的方向

上市制度改革涉及多项内容。未来要想真正实现"独角兽"的回归,应从以下四项基本改革入手。

# 独角兽还是羚羊？
## 公司治理视角下的新经济企业

1. 接纳"同股不同权"构架的企业在 A 股上市，甚至允许变相推出不平等投票权

从阿里上市过程来看，阿里的 B2B（企业对企业）业务曾经在港交所上市，退市后赴美国上市。时任阿里 CEO 的陆兆禧说过这样一句话："今天的香港市场，对新兴企业的治理结构创新还需要时间研究和消化。"阿里赴美国上市对香港资本市场来说打击很大。阿里的股权设计是非常重要的制度创新，通过合伙人制度变相推出不平等投票权。由于这种股权设计实质上还是"同股不同权"，因此不符合香港资本市场当时的上市相关规定。后来的事实也表明，香港资本市场错失了一个发展的良机。

在美国上市的京东发行的是标准的双重股权结构股票，即 A 类股票每股有 1 份投票权，而刘强东持有的 B 类股票每股有 20 份投票权。因此，出资只占 20% 的创始人刘强东通过持有 B 类股票获得 83.7% 的投票权。2017 年在纽交所上市的 Snap 公司甚至发行了三重股权结构股票：A 类股票没有投票权，B 类股票每股有 1 份投票权，C 类股票每股有 10 份投票权。目前，我国资本市场不接纳双重股权结构股票。相比之下，美国资本市场的包容性和多元性优势就体现出来了。

"同股不同权"看起来不利于保护股东利益，但有其存在的理由。

首先，"同股不同权"将短期雇佣合约转变为长期合伙合约。如果说经理人股权激励计划是协调股东与经理人的委托-代理冲突的公司治理制度安排的"1.0 版本"，那么，"同股不同权"上市制

第一篇
CDR 发行与"独角兽"的回归

度则是上述公司治理制度安排的"2.0 版本"。通过推出"同股不同权"的上市制度,新经济企业开创了"铁打的经理人,流水的股东",甚至"铁打的经理人,铁打的股东"的新局面,为股东和经理人建立长期合伙人关系、实现合作共赢奠定了坚实的基础。引用亚当·斯密《国富论》里的核心思想来说,"在钱财的处理上,股份公司的董事是为他人尽力,而私人合伙公司的伙员,则纯为自己打算。所以,要想股份公司的董事们监视钱财用途,像私人合伙公司伙员那样用意周到,那是很难做到的"①。

其次,"同股不同权"可以在股东和经理人之间实现专业化的深度分工,提高管理效率。在"同股同权"的模式下,股东大会有权否决董事会提出的议案,如果股东因缺少对实际情况的了解而做出错误的判断,对公司的发展将形成巨大的负面影响。在"同股不同权"构架下,获得更多控制权的创业团队可以投入更大精力专注于业务模式创新,而外部投资者则通过让渡部分控制权"退化"为普通投资者,专注于风险分担,二者实现了专业化的深度分工。

最后,"同股不同权"可以有效防范"野蛮人入侵"。2015 年以来中国资本市场进入分散股权时代。从万科股权之争开始,中国上市公司第一大股东的平均持股比例低于 33%。按照《公司法》中重要事项须经三分之二以上有表决权的股东通过的规定,第一大股东的持股比例低于 33%意味着其失去了一票否决权。既然中国资本市场进入了分散股权时代,上市公司就应该形成防范"野蛮人

---

① 亚当·斯密. 国富论(上下册):英文珍藏版[M].西安:陕西人民出版社,2005:678.

入侵"的制度安排,而双重股权结构股票恰好是这样一种制度安排。

2. 取消上市盈利要求,注重企业增长潜力,而非设置过高的上市盈利门槛

外部融资有债务融资和股权融资两种基本途径,一些企业恰恰是因为没有形成稳定成熟的业务模式,无法获得传统金融机构的债务融资,才到资本市场进行股权融资。因此,帮助没有形成稳定业务模式的企业融资是资本市场的应有之意。

从目前上市盈利门槛的执行情况来看,一个有趣的现象是"IPO业绩变脸",即企业上市前业绩上升,上市后业绩下降。由于设置了盈利水平、连续盈利期等上市门槛,再加上审核制下排队等候等因素,有时拟上市企业IPO时已过了高盈利期,即使没有财务造假,一些企业在IPO当年也出现业绩大幅下降,上市后反而无法给投资者带来稳定的投资回报。

对于A股上市需要连续3年净利润超过3 000万元的门槛,很多"独角兽"难以达到。中国的京东、阿里和美国的特斯拉、亚马逊等"独角兽"早年甚至现在都长期亏损。这些具有潜力的企业按照A股上市标准会被挡在上市门槛之外,但在美国就可以直接上市。降低上市盈利门槛实质上是把评价企业盈利潜力的权利交给更具判断力的投资者(特别是专业的投资机构)与市场。

3. 降低外资持股比例限制

中国很多行业过去一直存在较高的准入门槛,比如近期中国承诺将取消银行和金融资产管理公司外资持股比例限制,对内外

资企业一视同仁。这主要是针对金融行业的措施,"独角兽"也会涉及这个问题。

4. 未来允许企业以 VIE 构架上市

VIE 构架是指在境外(通常是开曼群岛)注册和上市、在境内经营,境外的上市实体通过协议的方式控制境内的经营实体,经营实体就是上市实体的 VIE。随着未来中国境内的税收环境、营商环境、私人产权保护状况的进一步改善,当"独角兽"选择在境外和境内注册无太大差异时,它们自然就会回来。

# 盈利是公司上市的必要前提吗?[*]

进入2018年,独角兽企业登陆(或回归)A股成为中国资本市场关注的话题。从一些参与实际监管政策制定和执行的"两会"人大代表和政协委员近期接受媒体采访透露的信息来看,A股的股票发行上市制度将进行重大改革,目标是为包括独角兽企业在内的新经济企业在A股上市扫清障碍。

让我们感到十分欣慰的是,经过学术界长期不懈的呼吁和港交所上市制度改革实践的推动,允许"同股不同权"构架上市、促进资本市场多元化发展如今已成为学术界和实务界的共识。在刚刚结束的"两会"上,全国人大代表、深交所总经理王建军先生提案的内容即围绕修改《公司法》,完善双重股权结构股票发行的制度供给展开。

除了"同股同权"构架的限制,在我们看来,对企业盈利的相关要求同样构成新经济企业在A股上市的重要障碍之一。按照相关规定,企业在A股上市需要满足以下盈利要求:最近3个会计年度净利润均为正数且累计超过人民币3 000万元;最近3个会计年度

---

[*] 本文曾以《盈利是公司上市的必要前提吗?》为题发表于FT中文网,2018年3月28日;收录于本书时有改动。

# 第一篇
## CDR 发行与"独角兽"的回归

经营活动产生的现金流量净额累计超过人民币 5 000 万元,或者最近 3 个会计年度营业收入累计超过人民币 3 亿元。我们理解,与允许"同股不同权"构架相比,盈利条件的取消或降低所引发的公众争议或许会更大。人们一个自然的担心是,一个上市前都不盈利的企业如何在上市后保证投资者取得合理的回报呢?那么,我们为什么会认为上市盈利门槛的设置同样构成新经济企业在 A 股上市的重要障碍之一呢?

首先,从基本融资理论来看,选择发行股票上市进行权益融资的企业往往在业务发展上并没有形成成熟稳健的模式,生产经营过程面临众多不确定性,需要外部投资者与其一道分担风险。对于选择权益融资的企业,理性的投资者在购买该企业发行的股票时,本着"高风险,高回报"的原则,未来将要求更高的期望收益率,这将使权益融资的融资成本增加。增加的融资成本反过来进一步增加了该企业业务发展模式面临的不确定性。正是出于对未来无法按期偿还债务、资不抵债、陷入财务困境的担心,这些公司才会选择权益融资形式。因为到期需要偿还本金与利息的债务是硬约束,而权益是软约束——除非董事会做出承诺,否则发放股利不是公司义务。相比而言,对于那些经营稳定、现金流充裕的企业来说,选择债务融资不仅可以用利息抵税,降低综合融资成本,而且在支付利息等固定成本后,企业可用来分配的剩余会更多。因而,如果一个企业已经形成成熟的业务模式,具有可预期的回报和稳定的现金流,那么选择看起来低廉、实则昂贵的权益融资似乎并非该企业的明智之举。这事实上是国内的一些企业并不热衷于上市的原因。在上述意义上,发行股票上市进行权益融资本身成为业务模式发展尚不具有稳定性、努力寻求外部资金支持的企业向资本市场发出的一个积极信号。而资本市场最重要和最基本的功能就是帮助一个业务模式尚未成熟(尚不被银行等传统金融机构看好)的企业获得外部资金支持。虽然这些企业尚未形成成熟稳健的业务发展模式,但具有较好的识别能力从而做出正确投资决策的投资者,由于分担了企业未来的风险,将从股票市场上获得远比债券市场上高得多的投资收益。

上述事实在一定程度上表明,真正渴望发行股票上市的企业往往是那些并没有形成成熟稳健的业务模式、经营充满不确定性、缺乏外部资金支持的企业。如果一个已经实现正常盈利,并可以获得(传统金融机构)稳定资金支持的企业,此时还"哭着喊着"要上市,则其上市背后的真实动机反而值得怀疑。

其次,从 A 股上市盈利门槛设置目前执行的实际情况来看,这一门槛一方面可能阻止了一部分希望在股市"圈钱"的企业的虚假上市,但另一方面也引发了一系列令人尴尬、啼笑皆非的后果。其一是业界十分熟悉的所谓"IPO 业绩变脸"现象。由于设置了盈利水平、连续盈利期等上市门槛,再加上我国上市审核制下排队等候等因素,拟上市企业在 IPO 时往往已过了高盈利期,即使没有财务造假,一些企业也会出现 IPO 当年业绩大幅"变脸"的现象,成为我国及其他少数设置上市盈利门槛的国家或地区资本市场上十分独特的现象。

其二是上市公司利用从股市融来的钱购买银行理财产品。上

# 第一篇
## CDR 发行与"独角兽"的回归

市公司购买理财产品并不是最近才发生的事。从 2013 年开始,购买理财产品这一本不该出现在上市公司行为手册中的字眼却频繁地与上市公司联系在一起。近年来我国上市公司购买理财产品无论是在参与企业数量上还是在购买规模上都呈直线上升趋势。2017 年,我国约有 1 186 家上市公司购买价值高达 1.27 万亿元的理财产品。购买理财产品的上市公司数量占到当年全部上市公司数量的 34%。这意味着平均每三家上市公司中就有一家公司购买了理财产品。与 2013 年仅有 12% 的上市公司购买理财产品相比,这一比例在短短四年内几乎增长为原来的 3 倍。截至 2018 年 3 月 6 日,已有 700 家上市公司公告购买理财产品,购买理财产品数量达到 3 014 只,合计购买金额高达 2 226.24 亿元。我们看到上述发展趋势不仅没有得到遏制,而且愈演愈烈。一些公司更是一边购买理财产品,一边配股增发。上市公司购买理财产品除了反映出目前一些公司在经济下行期主营业务经营确实困难,也从另一个角度反映出理财产品回报虚高、泡沫充斥的事实。联想到部分理财产品反过来又投入股票二级市场,一些学者对我国资本市场"资金空转"的担心看来并非无风起浪。

上市公司将从股东那里融来的资金不是用于开展常规的经营业务,而是用于购买理财产品,给人一种不务正业之感。如果说"IPO 业绩变脸"现象仅仅暴露了一些上市公司尚未形成成熟稳健的业务模式,那么一些上市公司购买理财产品的事实则反过来表明,上市盈利门槛的存在使一些本不该进入资本市场的企业也被"兼容并蓄"了。

## 独角兽还是羚羊？
### 公司治理视角下的新经济企业

一些盈利稳定的企业由于很容易满足上市盈利要求而被允许上市，被赋予发行股票、进行权益融资的权利和机会，但这些企业可能原本"不差钱"；而那些业务模式尚未成熟、缺乏外部资金支持、想上市融资的企业，由于上市盈利门槛的设置，往往不具备上市条件，被生生地挡在资本市场门外。这显然并非一直希望改善和提高资本市场资金使用效率的投资者和监管机构所希望看到的。

最后，如今我们提出拥抱创新型企业，结束新经济企业"境内盈利，境外分红"模式，推动新经济企业直接回归 A 股，但我们需要面对的一个基本事实是，对于 A 股上市需要连续 3 年净利润超过 3 000 万元的门槛，连很多独角兽企业都难以达到。事实上，在美国上市的来自中国的京东、阿里和美国本土的特斯拉、亚马逊等企业早年甚至现在都长期亏损。在港交所 2017 年年终开始的上市制度改革中，很多人更加关注的是企业未来可以通过"同股不同权"构架上市，而同样在这次改革中提出的取消"上市盈利门槛"的措施却被忽略了。在笔者看来，这项措施与允许"同股不同权"构架上市一样重要。这事实上是我国近年来资本市场酝酿的上市制度改革——注册制改革的灵魂所在：把评价企业盈利潜力的功能交给投资者与市场，并由投资者承担相应的风险，而不是通过预设一些门槛和由执行政策的监管官员来评价。容易理解，与投资者（包括专业的投资机构）相比，监管官员往往并不具备识别企业盈利潜力的能力，同时不能承担允许无法回报投资者的企业上市的相应后果。从长远看，这些因素不利于我国资本市场的健康发展。笔

# 第一篇
## CDR 发行与"独角兽"的回归

者认为,上市盈利门槛等规定的取消或降低将有助于目前被暂时搁置的注册制改革在未来水到渠成地推出。

需要特别强调的是,取消或降低上市盈利门槛的一个关键和必要的配套举措是严格退市制度。很多人反对取消上市盈利门槛限制的一个理由是,那样会使一些并不能给投资者带来稳定回报的企业浑水摸鱼,以致鱼龙混杂。而目前看起来并没有严格执行的退市制度使得这些企业心存侥幸,通过不断的资产重组、题材操作,甚至在我国审批制下上市名额有限的情况下,将上市资格变为可以转手出让的"壳"资源。毫无疑问,上市制度和监管规则的总体改革趋势和方向是从以往的"严进宽出"转变为将来的"宽进严出"。一定程度上,这将成为我国资本市场监管当局未来有意或无意、不得不遵循的基本监管逻辑。而允许"同股不同权"构架上市和取消上市盈利门槛等更富多元性和包容性的改革举措恰恰是"宽进严出"改革趋势在现阶段的体现和反映。

# 发行 CDR 就意味着"独角兽"回归 A 股了吗?[*]

新经济企业近年来成为全球资本市场争抢的标的,但仅依靠发行 CDR 而不去积极进行上市制度改革,就能实现使独角兽企业回归 A 股的目标吗?

出众的业绩表现使新经济企业近年来成为全球众多资本市场争抢的上市标的。一段时期以来,美国纽交所、新加坡交易所和中国港交所等交易所纷纷修改上市规则,以便吸纳更多快速增长的新经济企业,特别是独角兽企业的登陆。

2017 年 12 月,中国港交所宣布进行上市制度改革,拟允许新经济企业采用"同股不同权"构架赴港上市;2018 年 1 月,新加坡交易所紧随其后宣布将允许采用"两级投票制股份结构"的公司在新加坡上市。美国纽交所更是允许 Spotify 于 2018 年 4 月 3 日以"既不发行新股也没有承销商,上市首日的开盘价由当日的买单和卖单确定挂牌"这一不同于传统的 IPO 的方式登陆,开启了所谓"直

---

[*] 本文曾以《发行 CDR 就意味着独角兽"回归"了 A 股吗?》为题发表于 FT 中文网,2018 年 4 月 2 日;收录于本书时有改动。

# 第一篇
## CDR发行与"独角兽"的回归

接上市"的新模式。据估计,纽交所在放行Spotify后将重登全球IPO募资金额排行榜的榜首,而在之前的2015年和2016年港交所曾连续保持第一。

面对来自全球资本市场争夺新经济企业的竞争,中国境内资本市场监管当局也积极采取措施加以应对。一段时期以来,监管当局提出对来自生物科技、云计算、人工智能和高端制造四大行业中的独角兽企业将放宽审批时间和盈利标准,启用"即报即审"的特殊通道。富士康和科沃斯的快速获批正是在上述背景下完成的。

然而,我们注意到,与允许"同股不同权"构架、降低上市盈利门槛和为拆除一些独角兽采用VIE构架提供便利等基础上市制度改革同时酝酿的,还有CDR的发行。监管当局多次表示,有关CDR的研究正在提速,"将很快推出"。

所谓的CDR,指的是已在中国境外上市的企业在中国境内发行的,用于代表境外股票等基础证券权益的金融工具。投资者购买CDR,相当于间接投资了境外公司股票,获得了分享境外公司收益的机会。发行CDR由此被视为在境外上市的独角兽企业回归A股的便捷路径之一。

我们的问题是,仅仅依靠发行CDR而不去积极进行其他基础性的上市制度改革就能实现使独角兽企业回归A股的目标吗?

首先,从本质上看,存托凭证(DR)的发行并不是传统的IPO概念,而只是一种金融工具或一个证券品种。存托凭证是在一国证券市场上流通的、代表外国公司股票的可转让凭证。它最早起

## 独角兽还是羚羊?
### 公司治理视角下的新经济企业

源于1927年英国企业为了实现海外募集资本而发明的一种金融工具,当时英国政府禁止本国企业在海外上市。但随着禁令的解除,这种在特定时期发挥历史作用、被称为ADR(美国存托凭证)的金融工具已经走进金融史的教科书。今天,不仅英国企业可以选择在全球主要资本市场上市,而且英国投资者可以随时购买全球主要资本市场发行的证券品种。

既然CDR是一种证券品种,甚至通俗地说,是一种理财产品,投资CDR自然存在风险。相关统计显示,中国移动互联网月度活跃设备总数从2017年年初的10.24亿台增长为年终的10.85亿台,速度非常缓慢,同比增长率甚至呈逐月递减趋势。上述数据变化一定程度上反映了未来随着人口红利消失殆尽,移动互联网用户增长空间狭窄的事实和趋势。一些学者(例如,经济学家马光远先生、如是金融研究院院长管清友先生等)也指出,很多独角兽企业已经过了快速成长期,投资者分享独角兽企业成长红利的空间有限。

其次,从实施效果看,CDR的发行事实上绕过了独角兽企业重新在中国A股上市必须符合的《证券法》和《公司法》的相关规定,形成一种以金融工具发行代替基础性上市制度变革的局面。长期以来,由于不符合在中国A股上市需要满足的盈利标准、境外投资比例和"同股同权"原则,"生于斯长于斯",甚至曾经一度希望和A股市场"谈婚论嫁"的独角兽企业不得不远走他乡,选择境外上市。这种"境内盈利,境外分红"的模式长期受到国人的诟病。政府多次向监管部门提出"拥抱创新型企业,结束'境内盈利,境外分红'

# 第一篇
## CDR 发行与"独角兽"的回归

模式,推动新经济企业回归 A 股"的要求。我们注意到,这些在境外上市的新经济企业很多是 VIE 构架,也普遍存在 A、B 股安排"同股不同权",有的甚至一直未能盈利,而发行 CDR 则可"绕开这些障碍"。CDR 的发行看起来在较短时间内实现了境内投资者分享境外上市的独角兽企业发展红利的目的,因而被视为在境外上市的独角兽企业回归 A 股的便捷路径之一。

再次,与 CDR 发行相伴随的监管真空问题。在 CDR 机制下,CDR 金融工具的发行主体是在境外上市的新经济企业,而上市公司的 CDR 流通业务在中国境内,结果会使得境外监管当局因 CDR 流通业务在中国境内而难以监管。同时,监管当局会因公司在境外注册上市,无法跨越法律和技术上的监管困难,从而出现监管真空。CDR 由此极易沦为市场炒作的投机工具和"金融大鳄"可资利用的新的套利工具。

最后,与 CDR 发行相伴随的公司治理真空问题。给定 CDR 的证券品种属性,持有 CDR 的仅仅是存托凭证的普通投资者,并非可以在股东大会上通过行使投票权对重要事项进行表决的股东。这些 CDR 的持有人不仅无法直接参与境外新经济企业的公司治理,而且还需要向提供存券和托管服务的中介结构(券商或商业银行)支付佣金。这使得投资者看起来有分享新经济企业发展红利之"名",却往往很难享有保障投资者权益之"实"。

实际上,CDR 的发行将使 CDR 的投资者与新经济企业的真正股东不可避免地产生利益冲突。当新经济企业所发行的新股全部以 CDR 的形式卖给境内投资者时,会稀释境外股东的股权;而当企

### 独角兽还是羚羊?
#### 公司治理视角下的新经济企业

业选择用库存股票和境外回购股票来发行 CDR 时,可能导致境外股票的价格上涨。而面对来自股东和管理层的损害投资者利益的行为(例如股利的延期或停止支付),CDR 的投资者缺乏相应的途径与股东和管理层制衡,以保障自己的权益,只能被迫在继续持有和转让之间做出选择。

如果我们仅仅把 CDR 的发行作为一种金融理财产品的推出,毫无疑问,CDR 的发行拓宽了境内投资者的投资渠道,其受到市场各方的欢迎不仅在意料之内,而且也在情理之中。

对于那些在境外上市的新经济企业,允许其在境内发行 CDR,无疑将为其增加新的廉价融资途径。境内资本市场估值偏高的事实将使得这些企业的融资成本进一步降低(我们以互联网安全龙头企业——北京奇虎科技有限公司为例,其私有化之前的市值约为 90 亿美元,而回归 A 股市场后的市值已超过 3 200 亿元人民币),因而在一定意义上,通过发行 CDR 实现对 A 股所谓的回归是这些新经济企业求之不得的事。我们注意到,一些境外上市新经济巨头的"掌门人"近期纷纷表态,希望尽早回归 A 股。

对于券商而言,拟在境内市场发行 CDR 的境外上市新经济企业,无论采用增发新股还是库存股票和境外回购股票,业务开展都需要券商(甚至部分银行)在存券和托管等方面的深度参与。这无疑将成为券商(和部分银行)新的利润增长点。而此前由于纽交所"直接上市"模式的推出,券商服务费"折半"的事实为其未来的盈利前景蒙上了阴影。因此,券商对 CDR 推出的欢呼雀跃必然是发自肺腑的。

# 第一篇
## CDR 发行与"独角兽"的回归

对于普通投资者来说,CDR 的推出至少使其资产组合中多了一种可供选择的新的资产配置途径,甚至使其可以通过购买 CDR 分享来自身边,只不过在境外上市的新经济企业的发展红利。因而,普通投资者同样乐见其成。

而对于监管当局来说,CDR 的推出一方面延续了当年推出"沪港通"和"深港通"的不同资本市场互联互通、拓宽境内投资者投资渠道的监管逻辑,另一方面则完成了政府交给的拥抱创新型企业,结束"境内盈利,境外分红"模式,推动新经济企业回归 A 股的任务。因此,一个可以预见的事实是,监管当局未来会不遗余力地推动 CDR 发行相关政策的出台。

其实,对于新经济企业回归 A 股的问题,我们更加乐意看到的是,中国资本市场的监管当局能够围绕允许"同股不同权"构架、降低甚至取消上市盈利门槛、为拆除 VIE 构架提供便利以及放宽外资持股比例等基础性上市制度方面出台新的举措,以切实推动资本市场上市制度的变革。唯有如此,我们才能真正实现新经济企业回归 A 股的目的。而这显然不是仅仅推出一个似是而非的融资工具就可以替代的。

我们同时注意到,监管当局事实上对此具有清醒的认识。按照摩根士丹利发布的报告,监管当局未来可能会稳步放行 CDR,以避免不必要的市场波动。2018 年年底前最有可能的情形是发行两只或三只 CDR,近期收紧新股发行可能旨在为 CDR 留出更多资金。

# CDR：只是刚刚吹响上市制度改革的号角*

2017年12月，中国港交所宣布拟允许新经济企业采用"同股不同权"构架赴港上市；2018年1月，新加坡交易所紧随其后宣布将允许采用"两级投票制股份结构"的公司在新加坡上市；美国纽交所更是允许Spotify于2018年4月3日以"既不发行新股也没有承销商，上市首日的开盘价由当日的买单和卖单确定挂牌"这一不同于传统IPO的方式登陆，开启了所谓"直接上市"的新模式。一时间，似乎全球资本市场都在争夺新经济企业的上市资源。2018年3月30日，国务院办公厅正式转发证监会《关于开展创新企业境内发行股票或存托凭证试点的若干意见》（以下简称《意见》），A股市场也开始推动新经济企业回归。

《意见》的出台虽然有助于拓宽内地投资者的投资途径，为未来上市制度改革指明方向，但在一定意义上，它只是吹响了我国资本市场上市制度改革的号角，距离新经济企业真正回归A股所需

---

\* 本文曾以《CDR：只是刚刚吹响上市制度改革的号角》为题发表于《经济观察报》，2018年4月13日；收录于本书时有改动。

# 第一篇
## CDR发行与"独角兽"的回归

要的基础性上市制度变革尚有很长的路要走。

首先,允许在境外上市的新经济企业在A股市场发行CDR,只是拓宽了境内投资者的投资理财途径,但并非新经济企业对A股的真正回归。CDR指的是已在中国境外上市的新经济企业在中国境内发行的,用于代表境外股票等基础证券权益的金融工具。从本质上看,存托凭证仅仅是在一国证券市场上流通的、代表外国公司股票的可转让凭证,是一种金融工具或理财产品,它的发行并不是传统的IPO概念。通过CDR的发行,境外上市的新经济企业事实上绕过了重新在A股上市需要符合的我国《证券法》和《公司法》的相关要求和规定。

随着新经济企业CDR的发行,A股市场不得不面对CDR业务引发的监管和公司治理等问题。在CDR机制下,CDR的发行主体是在境外上市的新经济企业,而CDR的流通是在A股市场。一方面,这使得境外监管当局因CDR流通业务在中国境内而难以监管;另一方面,境内监管当局会因新经济企业在境外注册上市,无法跨越法律和技术上的监管障碍。CDR由此容易成为市场炒作的工具。与此同时,给定CDR的金融工具属性,持有CDR的仅是存托凭证的普通投资者,并非可以在股东大会上通过行使投票权对重要事项进行表决的股东。当面对来自股东和管理层的损害投资者利益的行为时,CDR投资者缺乏顺畅的途径与股东和管理层制衡,以保障自己的权益,只能在继续持有和转让之间做出选择。因此,允许在境外上市的新经济企业在A股市场发行CDR只是拓宽了境内投资者的投资理财途径,但并非独角兽企业对A股的真正回归。

其次,《意见》要求"试点企业在境内的股票或存托凭证相关发行、上市和交易等行为,均纳入现行证券法规范范围",这意味着此次改革尚未涉及包括允许"同股不同权"构架上市等在内的上市制度变革的内容。

《意见》明确指出,"证监会根据证券法等法律法规规定,依照现行股票发行核准程序,核准试点红筹企业在境内公开发行股票","试点企业在境内的股票或存托凭证相关发行、上市和交易等行为,均纳入现行证券法规范范围",而"试点红筹企业股权结构、公司治理、运行规范等事项可适用境外注册地公司法等法律法规规定"。这意味着,除非部分企业以从美国退市的方式重新在 A 股上市,对于大多数发行 CDR 的新经济企业而言,由于在境外上市的基本状态并没有发生改变,因而并不涉及改变"同股不同权"和 VIE 构架以适应 A 股市场上市要求的问题。容易理解,允许"同股不同权"构架的企业上市势必涉及《公司法》的修改。这显然不是在短期内能够一蹴而就的。在前不久结束的"两会"上,深交所总经理王建军提案的内容即围绕修改《公司法》,完善双重股权结构股票发行的制度供给展开。事实上,监管当局之所以快速推出 CDR,恰恰是希望短期内绕过新经济企业重新在 A 股上市必须符合的我国《证券法》和《公司法》的相关规定,以尽快实现拥抱创新型企业,结束部分独角兽企业"境内盈利,境外分红"模式,推动新经济企业回归 A 股的目标。正是在上述意义上,笔者认为,《意见》的出台只是为我国 A 股市场未来的上市制度改革吹响了号角。

# 第一篇
## CDR发行与"独角兽"的回归

其实,在新经济企业回归A股的问题上,我们更加乐意看到的是,我国资本市场监管当局能够在允许"同股不同权"构架上市、降低甚至取消上市盈利门槛、为拆除VIE构架提供便利以及放宽外资持股比例等基础性上市制度方面出台新的举措。这事实上构成了未来推进A股上市制度变革的重要方向。唯有完成这些基础性的上市制度变革,我们才能真正实现使新经济企业回归A股的目标。

那么,在上市制度变革方向选择中,为什么我国资本市场未来应该允许"同股不同权"构架的新经济企业上市呢?回顾阿里上市的历程,我们不难观察到,港交所一度是阿里优先考虑的上市目的地。但持股比例并不高的马云等合伙人希望通过董事会组织获得对阿里的实际控制,而这显然是当时坚持"同股同权"原则的港交所无法接受的。阿里最终选择到接纳"同股不同权"构架的美国纽交所上市。时任阿里CEO的陆兆禧在阿里放弃在香港上市后曾提到,"今天的香港市场,对新兴企业的治理结构创新还需要时间研究和消化"。这是促使包括A股市场在内的全球资本市场推动上市制度变革的重要原因之一。

我们知道,阿里在形式上遵循"同股同权"构架(阿里没有发行双重股权结构股票,只有一种股票),但通过合伙人制度变相地形成了"同股不同权"的不平等投票权制度安排。更为常见的"同股不同权"上市构架是同时发行A、B股的所谓双重股权结构股票。2014年在美国纳斯达克上市并发行双重股权结构股票的京东同时发行两类股票,其中A类股票每股具有1份投票权,B类股票每股则具有20份投票权。出资只占20%的京东创始人刘强东通过持有B类股票,获得了83.7%的投票权,实现了对京东的绝对控制。2017年3月2日在美国纽交所上市的Snap甚至推出了三重股权结构股票,其中,A类股票没有投票权,B类股票每股具有1份投票权,而C类股票每股具有10份投票权。分享全部C股的两位联合创始人Evan Spiegel和Bobby Murphy共拥有该公司88.6%的投票权,Snap的控制权由此被牢牢掌控在两位联合创始人手中。

相比之前的"同股同权"构架,"同股不同权"的制度安排在以下方面实现了公司治理效率的改善。其一,通过"同股不同权"上市制度变革,股东与经理人之间的关系由"同股同权"下的短期雇佣关系转变为长期合伙人关系。如果说经理人股权激励计划是协调股东与经理人之间委托—代理冲突的公司治理制度安排的"1.0版本",那么,"同股不同权"上市制度安排则是上述公司治理制度安排的"2.0版本"。它不仅使经理人从开始即持有股权,而且使投资者对经理人将成为其未来必须长期面对的稳定合伙人的事实心知肚明。通过推出"同股不同权"的上市制度,新经济企业开创了"铁打的经理人,流水的股东",甚至"铁打的经理人,铁打的股东"的新局面,为股东和经理人建立长期合伙人关系、实现合作共赢奠定了坚实的基础。其二,通过"同股不同权"上市制度变革,股东和经理人之间实现了专业化的深度分工,提升了管理效率。在"同股不同权"构架下,获得更多控制权的创业团队可以投入更大精力专注于业务模式创新,而外部投资者则通过部分控制权的让渡"退化"为普通投资者,专注于风险分担,二者之间实现了专业化的深度分工。其三,"同股不同权"的制度安排可以有效防范"野蛮人入

# 第一篇
## CDR发行与"独角兽"的回归

侵"。这对于进入分散股权时代的我国资本市场意义尤为重大。

由于允许"同股不同权"构架上市涉及《公司法》的修改,这一事关A股市场基础性上市制度变革的举措只能留待未来时机成熟时进行。

最后,如果说《意见》涉及部分基础性上市制度变革,那就是对尚未在境外上市的创新企业(包括红筹企业和境内注册企业)在A股上市盈利要求的改变。

《意见》在对尚未在境外上市的创新企业(包括红筹企业和境内注册企业)的上市要求中提及"最近一年营业收入不低于30亿元人民币且估值不低于200亿元人民币,或者营业收入快速增长,拥有自主研发、国际领先技术,同行业竞争中处于相对优势地位",但并没有对这些企业上市提出明确的盈利标准。而《首次公开发行股票并上市管理办法》和《首次公开发行并在创业板上市管理办法》中都对拟上市企业提出明确的盈利要求。例如,在主板上市需要满足"最近3个会计年度净利润均为正数且累计超过人民币3 000万元"等盈利要求;而在创业板上市则需要满足"最近两年连续盈利,最近两年净利润累计不少于一千万元;或者最近一年盈利,最近一年营业收入不少于五千万元"等盈利要求。然而,按照《意见》的相关规定,中国证监会根据该意见认定的试点企业可"不适用"上述条款。我们看到,不同于以往对拟上市企业明确提出盈利要求,《意见》更加关注的是拟上市企业的收入状况及其背后反映的盈利潜力。这无疑代表着我国资本市场在基础性上市制度改革方面十分重要的方向。

## 独角兽还是羚羊？
公司治理视角下的新经济企业

事实上,除了"同股不同权"、VIE构架和外资持股比例限制等,上市盈利要求同样构成新经济企业在A股上市的重要制度障碍之一。主要原因如下:其一,选择发行股票融资的企业上市时往往尚未形成成熟稳健的业务发展模式,生产经营过程存在诸多不确定性,需要外部投资者与其一道分担风险。因而,通过发行股票进行融资本身成为业务模式发展尚不具有稳定性,努力寻求外部资金支持的企业向资本市场发出的一个强烈信号。而资本市场最重要和最基本的功能是帮助企业获得外部资金支持。虽然这些企业上市时尚未形成成熟稳健的业务发展模式,但具有较好的识别能力从而做出正确投资决策的投资者,由于分担了企业未来的风险,将可能从股票市场上获得远比债券市场上高得多的投资收益。其二,A股上市盈利门槛的设置可能造成"IPO业绩变脸"现象。由于设置了盈利水平、连续盈利期等上市门槛,再加上我国上市审核制下排队等候等因素,有时拟上市企业IPO时已过了高盈利期,即使没有财务造假,一些企业也会在IPO当年业绩大幅下降,即"业绩变脸"。这成为我国及其他少数设置上市盈利门槛的国家或地区资本市场上十分独特的现象。其三,部分上市公司利用从股市融来的资金"不务正业",购买理财产品。据统计,2017年全年约有1 186家上市公司购买价值高达1.27万亿元的理财产品。这些上市公司的数量占到当年全部上市公司数量的34%。也就是说,平均每三家上市公司中就有一家公司购买了理财产品。这一现象的出现除了与当前经济下行期一些公司存在经营困难有关,一定程度上也与上市盈利门槛的设置有关。相比而言,在2017年新上

# 第一篇
## CDR 发行与"独角兽"的回归

市的 353 家企业中,有 256 家企业购买了理财产品,占比高达 73%。由于上市盈利门槛的设置,一方面,一些盈利稳定的企业由于容易满足上市盈利要求而被允许上市,享有发行股票、进行权益融资的权利和机会,但这些企业可能原本"不差钱";而另一方面,那些业务模式尚未成熟、缺乏外部资金支持、希望上市融资的企业,却往往不具备上市条件,被挡在资本市场门外。其四,对于 A 股上市需要连续 3 年净利润超过 3 000 万元的门槛,很多独角兽企业难以达到。例如,中国的京东、阿里和美国的特斯拉、亚马逊等独角兽企业早年甚至现在都长期亏损。降低上市盈利门槛的实质是把评价企业盈利潜力的功能交给更具判断力的投资者(特别是专业的投资机构)与市场,而不是监管当局,并由投资者承担相应的投资风险。容易理解,上市盈利门槛等规定的取消将有助于目前暂时搁置的注册制改革未来水到渠成地推出。

基于以上三个方面的理由,对于《意见》的出台,我们既不能简单把允许境外上市的独角兽企业在境内发行 CDR 解读为实现了独角兽企业对 A 股的回归,也不能把其理解为已经完成了包括允许"同股不同权"构架上市等在内的基础性上市制度变革。如果说《意见》的出台为我国资本市场的发展带来了积极意义,那就是它拓宽了境内投资者的投资途径,为 A 股市场未来基础性上市制度改革指明了方向。但毫无疑问,这与独角兽企业真正回归 A 股上市的目标尚存在不小的距离。因此,《意见》的出台不仅吹响了我国资本市场上市制度改革的号角,而且也成为在 A 股市场上市制度变革的长路中迈出的第一步。

# CDR 的金融工具属性和投资者权益保护*

近期随着相关意见和试行办法的出台,CDR 境内发行流通的监管框架浮出水面。CDR 指的是已在中国境外上市的企业在中国境内发行的,用于代表境外股票等基础证券权益的金融工具。

对拟发行证券金融工具属性的清晰认识是未来确定其监管框架的基础和关键。其一,CDR 的发行并不是传统的 IPO 概念,其权益保障更多是依靠委托协议的合同效力,而非所有者权益的法律保护来实现。基础证券发行人及其董监高(董事、监事、高级管理人员)的行为依据是境外上市地的公司法及公司章程。境内监管部门并没有法律依据对上述人员做出直接的监管处罚。CDR 持有人权益维护的重要途径是按照存托协议进行相关的民事诉讼。其二,CDR 的标的基础证券是在境外上市流通的股票,这一特点决定了其在收益分享上并不能像债券一样明确稳定,而是由境外上市公司董事会根据经营状况做出决定。基于上述两个特征,从存托

---

\* 本文曾以《为保护 CDR 投资者提三点建议》为题发表于《证券时报》,2018 年 5 月 16 日;收录于本书时有改动。

# 第一篇
CDR发行与"独角兽"的回归

凭证的金融工具属性来看,我们倾向于认为,CDR是介于没有投票权的普通股与未承诺回报率的债券之间的一种金融工具。

那么,我们应该如何保障CDR投资者的权益呢?概括而言,监管部门应当参照债券发行流通的监管规则,确保境外上市公司作为债券发行人严格履行信息披露等义务,确保参与发行和流通的券商的行为规范等;CDR投资者则需要以CDR境内发行人在发行公告中所做出的公开承诺为法律依据,当发行人违约时通过相应的诉讼来进行法律救济。

证监会发布的《存托凭证发行与交易管理办法(征求意见稿)》(以下简称《征求意见稿》)中规定,"境外基础证券发行人应当在境内设立证券事务机构"。民事主体依然是境外发行人,作为境外发行人的代表,境内代表只是在面临相关民事诉讼时代为受理。因此,不应期望境内代表能够如同境内上市公司的证券事务代表或者说"董秘"一样履行投资者关系管理等职能。原因同样是监管部门仅能通过上市发行流通协议管理境外发行人,而不能依据《公司法》严格要求境外发行人履行上市公司的义务。这里需要提醒的是,在CDR发行流通的监管中,监管部门应该对自身是上市流通协议管理者而非公众公司监管者的身份有清醒的认识。

除了要求发行CDR的境外上市公司在境内设立证券事务机构,《征求意见稿》第三十九条还提到,"境内实体运营企业对存托凭证发行交易公开信息披露中与其有关信息披露内容的真实性、准确性、完整性负责;有虚假记载、误导性陈述或者重大遗漏致使存托凭证投资者遭受损失的,依法承担民事损害赔偿责任"。由于

## 独角兽还是羚羊？
### 公司治理视角下的新经济企业

并非像境内债券发行人与实体营运企业一样，VIE构架下的境外上市公司需要通过协议管理境内实体运营企业。上述内容往往并不在境外上市公司与境内实体运营企业协议管理的范围之内，因此未来相关条款的真正落实将变得十分困难。即使未来能够落实，也必然是依靠公权力的介入，而后者往往很难达到预期的经济和社会效果。由于监管部门拥有的仅仅是对债券境内上市发行流通的管理权，因此对于境外上市公司在股东大会表决中"不得滥用特别投票权"（第四十条）的规定同样缺乏实质约束力。

虽然CDR境内发行流通面临监管真空和公司治理真空的潜在不足，但监管部门并非在所有方向上无能为力。

首先，监管部门可以对境外金融机构将履行的基础性债券托管人的权利和义务做出更加明确的规定。托管人类似于股权代持人，将代替投资者履行标的基础证券的相应权益，例如提出相关议案，参与股东大会的表决等。当然，上述投资者权益的履行需要在上市所在地的公司法和公司章程的框架下进行。但对托管人应履行的相应职责做出明确的规定将有助于保障CDR投资者的权益。

其次，避免中小投资者在相关权益维护过程中可能出现的"搭便车"行为，更加需要借助中证中小投资者服务中心这一中介平台。通过中证中小投资者服务中心使CDR投资者更加便利地表达相关诉求，并达成一致认识，在基于存托协议的法律救济中走得更远，同样是未来保护CDR投资者权益的一条切实可行之路。

最后，监管部门可以进一步明确作为发行承销主体的存托人的相应义务和责任。存托人不仅是CDR发行流通的中介商，而且是我国资本市场规范债券发行流通行为的重要环节和力量。存托人有义务协助其服务主体——境外上市公司履行债券发行的诸如信息披露规范、投资者权益保护等职责。事实上,CDR发行的存托人往往是实力雄厚、声誉卓著的券商。对于违反相关义务的券商,对其声誉和业务做出相应监管处罚,在实践中是具有可操作性的。

总之,只有认清CDR"未承诺回报率的债券发行"的金融工具本质属性,从CDR发行流通所面临的一定程度的监管真空和公司治理真空的现状出发,从托管人如何代为履行股东权益、中证中小投资者服务中心如何协调投资者诉求以及如何明确作为发行承销主体的存托人的相应义务和责任入手,监管部门和投资者才可以努力找到保障CDR投资者权益的途径。

# 独角兽其实就是一只普通的羚羊*

尽管没有多少人真正见过独角兽,但独角兽从有文字记载以来就一直笼罩在神秘的色彩中。《圣经》中把独角兽描述为一种"具有神奇力量和可怕野性的厚皮动物";而在中国,独角兽更是与"一代天骄"成吉思汗联系在一起。传说中,向成吉思汗三次跪拜后的独角兽成功阻止了蒙古大军向印度的进攻。①

这种传说中栖息在西非的动物,虽然没有被赴西非旅行的旅行家发现,但据来自法国的清末传教士兼旅行家古伯察先生说,英国常驻尼泊尔的外交代表罗德逊先生在 19 世纪早期从中国藏南"最终得到了一头独角兽",从而看似"无可争议地确认了独角兽的存在"。但罗德逊先生的发现显然让大部分的读者失望了。这种动物除了额头正中长有一根黑色的角外,"外表如同其他所有羚羊"。罗德逊先生的鉴定工作如此卓有成效,以至于有人建议以一个系统分类学的名词"罗德逊羚羊"来称呼独角兽。

---

\* 本文曾以《"独角兽"其实就是一只普通的羚羊》为题发表于财经网,2018 年 7 月 15 日;收录于本书时有改动。

① 参见古伯察. 鞑靼西藏旅行记:第 2 版[M]. 耿昇,译. 北京:中国藏学出版社,2012.

# 第一篇
## CDR发行与"独角兽"的回归

对罗德逊先生上述"科学"鉴定坚信不疑的古伯察先生在其著名的《鞑靼西藏旅行记》中进一步描述了他在旅行中听说的独角兽:"极其胆怯,不允许任何人接近,稍有声响便会逃走","像所有生活在喜马拉雅山以北的动物一样,独角兽的毛为空心的","人们用其新长出来的角制造独角兽弓弩"①。然而,同样来自法国的传教士包世杰先生在20世纪20年代该书再版时所增加的附录中显然并不认同古伯察先生的上述说法。与罗德逊和古伯察先生的看法相反,包世杰先生认为,那些自认为看到和听说独角兽的人(包括古伯察先生)"很可能是将从遥远的地方望到和仅从侧面看到的羚羊当作独角兽了","大家还在埃及的古建筑上看到了从侧面画的大羚羊形象,以至于仅有一只角能被明显看到"②。换句话说,独角兽只是来自对两角动物司空见惯的人们对一个额头正中长有一根黑色角的动物会是什么样子的突发奇想。

毫无疑问,直至今天,独角兽是否在人类社会存在仍然是充满争议的。一部分人会像21世纪初曾经游历中国的法籍奥尔良王子那样稍显悲观地认为,"大家可以假设认为羚羊角可能长得很畸形,从而产生了独角兽的传说";而另一部分人则会如同罗德逊和古伯察先生一样更加乐观地认为独角兽在现实生活中是存在的,即使按照罗德逊先生的考证,除了额头正中长有一根黑色的角,独角兽的外表如同其他所有羚羊(只是一只"罗德逊羚羊"而已)。

---

① 古伯察.鞑靼西藏旅行记:第2版[M]耿昇,译.北京:中国藏学出版社,2012:529.
② 同上书,第551页。

## 独角兽还是羚羊?
### 公司治理视角下的新经济企业

考证独角兽是否存在这一自然科学问题,显然并非笔者作为一个从事经济学和金融学教学与研究的学者所能完成的使命,当然也不是本文的写作目的。笔者之所以旁征博引地纵论独角兽,是希望通过回顾人类对独角兽的认知过程来探究我们今天究竟应该怎样认识在很多资本市场上炙手可热的"独角兽企业"。

所谓的独角兽企业,通常指成立不超过十年、接受过私募投资、估值超过 10 亿美元、发展速度快而企业数量少的初创型企业。这一概念是由种子轮基金 Cowboy Venture 的创始人 Aileen Lee 提出的。估值超过 100 亿美元的企业甚至被称为"超级独角兽"。容易理解,如同独角兽对于对两角动物司空见惯的人类社会的意义一样,独角兽企业从出现之日起,就由于极大地满足了人类对财富快速增长的好奇心和想象力,而迅速成为资本市场投资者追捧的对象。

那么,今天资本市场的投资者究竟应该如何认识这些炙手可热的独角兽企业呢? 如前所述,也许我们可以从人类对独角兽的认知过程中得到一些积极的思考和有益的启发。

第一,独角兽企业如同所有渴望 IPO 的企业一样,只是借助资本市场实现外部融资和价值实现的新经济企业而已,只不过在较短的成立时间内实现了较高的估值。这就如同独角兽这只看起来"具有神奇力量和可怕野性的厚皮动物",甚至能够成功阻止蒙古大军入侵的神兽其实只是一只"罗德逊羚羊",甚至是一只长了畸形羊角的普通羚羊。

由于一些拟上市企业和资本市场投资者对独角兽企业的不切实际的预期和中介机构的顺势炒作,对独角兽企业的估值普遍高

# 第一篇
## CDR发行与"独角兽"的回归

于普通企业。我们以拟赴港IPO的小米公司为例。从2018年年初1 000亿美元的上限开始,小米公司的估值一路走低。2018年6月19日CDR发行推迟后,小米公司的估值已下调至550亿至700亿美元之间,甚至低于雷军此前750亿美元的心理预期。从1 000亿美元到900亿美元,到800亿美元,再到550亿美元,短短6个月的时间,估值缩水三次。上述事实一定程度上反映了在独角兽企业的神秘光环消退后,投资者对"独角兽其实就是一只普通的羚羊"的认识的回归。毕竟,传说中的独角兽可能只是一只"罗德逊羚羊",甚至是一只长了畸形羊角的普通羚羊而已。

第二,无论拟上市企业、投资者还是监管当局,都应该从独角兽企业各种美丽的传说回归到独角兽企业创造价值的本质上来。这就如同独角兽除了满足人类的好奇心,其更为根本的实用价值在于,"新长出来的角"可以用来"制造独角兽弓弩"等。抛开独角兽企业价值创造的实用性,任何不切实际和虚幻的好奇心、想象力仅仅能满足一时,而无法满足一世。

第三,既然我们认识到独角兽其实就是一只普通的羚羊,那么对待独角兽显然不应该像对待神兽一样顶礼膜拜,而应该与其他普通羚羊一视同仁。毕竟,独角兽也像其他羚羊一样,"极其胆怯,不允许任何人接近,稍有声响便会逃走","像所有生活在喜马拉雅山以北的动物一样","毛为空心的"。

在全球资本市场纷纷出台相关政策吸引独角兽企业的背景下,港交所公布了《新兴及创新产业公司上市制度》咨询文件,以吸引独角兽企业赴港上市。为了提高境内资本市场在上述资本市场

## 独角兽还是羚羊？
### 公司治理视角下的新经济企业

竞争潮流中的竞争力,出于绕开独角兽企业回归 A 股需要涉及短期内无法一蹴而就的《公司法》修改等基础性上市制度变革的目的,监管当局发布了《关于开展创新企业境内发行股票或存托凭证试点的若干意见》,鼓励在境外上市的独角兽企业同时在境内资本市场发行被称为 CDR 的中国存托凭证。而所谓的 CDR,从本质上看只是介于没有投票权的普通股与未承诺回报率的债券之间的一种金融工具。监管当局甚至进一步为看起来性质不够明朗的独角兽企业 IPO 和功能上模棱两可的 CDR 发行审批开辟绿色通道。

鉴于近期股市的低迷和波动,监管当局适时地推迟了独角兽企业在境内同时发行 CDR 的申请。一些市场观察者评价,上述举措无论对于监管当局还是独角兽企业都是"明智选择"。我们理解,上述评价事实上来自在认识独角兽性质后自然形成的逻辑推论:如果独角兽被反复证明其实就是一只普通的羚羊,那么对待独角兽就不应该像对待神兽一样顶礼膜拜,而应该与其他普通羚羊一视同仁。

第四,对于独角兽企业,我们不应该仅仅停留在"从遥远的地方望到""从侧面看到的"样子,甚至停留在宗教或者世俗各种美丽的传说中,而是应该像罗德逊先生一样尝试靠近它,然后进行科学系统的分类,以确定其是否只是"罗德逊羚羊"。而这一十分重要的工作显然不能交给迫于全球资本市场竞争压力,急于展示政绩的监管当局,而是应该交给资本市场中的"罗德逊先生们"。当然,不同的"罗德逊先生"得到的结论可能并不相同。

# 第一篇
## CDR发行与"独角兽"的回归

从目前已经完成赴港上市的独角兽企业——美图、众安在线、雷蛇、易鑫、阅文、平安好医生等来看,这些企业无一例外地遭遇了在IPO后股价跌回甚至跌破发行价的局面。独角兽企业在很多投资者的心目中逐步从之前资本市场的"宠儿"变成如今的"烫手山芋"。虽然从目前状况来看,港交所吸引独角兽上市的举措看起来与最初的预想存在差距,但相关举措的推出不失为促进资本市场提供多样化上市服务的有益尝试,有助于投资者基于透明的市场规则和公正的上市程序重新认识传说中的独角兽企业的本质属性,发现其价值所在。在这方面我们也十分认同港交所行政总裁李小加先生的观点:一个负责任的公平公正的交易所只需要保证企业上市程序的合规和透明,至于价值判断则应该交给投资者自己来完成。

同时我们也相信,如果监管当局未来通过基础性上市制度变革来公平公正地吸引真正的独角兽企业(如果有的话)回归A股,同样会受到境内资本市场的欢迎,尤其是在目前股市低迷的状态下。这些基础性上市制度变革包括但不限于,允许拟上市企业发行双重股权结构股票,允许拟上市企业存在VIE构架,降低盈利门槛以及消除外资持股比例限制等。这些举措的推出将会使境内资本市场的投资者能够近距离地观察这些传说中的"神兽"的一举一动,并由他们自己来判断,这些"独角兽"是否只是"普通的羚羊"。

# 第二篇
## "独角兽"上市与资本市场制度建设

2018年4月,一度以违反"同股同权"原则拒绝阿里上市的港交所正式宣布允许"同股不同权"构架的企业赴港上市。2018年7月9日IPO的小米成为以发行A、B股方式在港上市的第一家境内企业。此后不久的2019年3月,中国境内资本市场开始试点注册制,开启了上交所科创板的"纳斯达克"之路,相关指引允许企业以"同股不同权"构架上市。那么,中国资本市场应该进行哪些积极的制度变革以适应新经济的发展和实现独角兽的真正回归?

本篇以围绕2015年以来发生在我国资本市场的两次"股灾"和幼儿园上市监管政策制定的政策反思为例强调,一个合格的资本市场监管者关注的重点应该是交易规则的透明和交易双方的诚实守信,对欺诈交易进行严厉打击,把不合格的交易者坚决地清理出资本市场,而不是刺激股市,人为地制造牛市;与此同时,鼓励企业机会平等地上市,而不是把资本市场作为政策工具,歧视性地选择上市对象。

我们进一步从货币金融与资本金融在组织形式、投资收益、实现途径以及干预经济理念等方面的现实差异出发,思考证监会如何更好地履行资本市场监管者的职责。

# 上交所科创板的"纳斯达克"之路*

上交所科创板在 2018 年 11 月 5 日这一天被载入中国资本市场发展的史册。由于设立背景和时机选择的雷同,上交所科创板从诞生之日起就具有浓郁的纳斯达克色彩。

不同于成立于 1863 年的纽交所,创立于 1971 年的纳斯达克其上市公司主要涵盖软件、计算机、电信、生物科技等高新技术行业,是世界上主要股票市场中成长速度最快的市场。1980 年 12 月 12 日,苹果公司在纳斯达克上市,发行 460 万股股票,收盘时股票价格 29 美元,创造了 4 名亿万富翁。纳斯达克由此被称为"亿万富翁的温床"。

我们看到,以互联网技术为标志的第四次工业革命对创新导向的企业组织设计提出了内在的要求。近二十年来,越来越多的互联网相关企业选择发行看似"不平等"的 A、B 双重股权结构股票上市。以不平等投票权为标志的以企业家为中心的公司治理范式正在演变为公司治理制度变革的全球趋势。

对比纳斯达克,我们看到,上交所科创板的设立背景同样是处

---

\* 本文曾以《上交所科创板的"纳斯达克"之路》为题发表于腾讯财经,2018 年 11 月 7 日;收录于本书时有改动。

## 独角兽还是羚羊?
### 公司治理视角下的新经济企业

于以互联网技术为标志的第四次工业革命纵深发展的关键阶段。迎合第四次工业革命对创新导向企业组织设计的内在要求,成为高科技创新企业上市的目标市场,是上交所科创板未来值得努力探索的方向。

首先,从功能定位来看,上交所科创板的设立将形成与深圳中小板和创业板的竞争格局,加剧资本市场的竞争程度。今天资本市场的全球竞争已呈现白热化趋势。它不仅表现在国家(地区)之间,而且表现在一个国家(地区)内部。前者的例子如在新加坡2018年1月承诺允许企业以发行A、B股上市不久,中国港交所4月正式宣布允许"同股不同权"构架的企业赴港上市。2018年7月9日IPO的小米成为以发行A、B股方式在港上市的第一家内地企业。后者的例子如同样在美国的纳斯达克和纽交所之间的"恩怨情仇""瑜亮相争"。

立足于长三角继浦东开发之后"再出发"的政治经济考量,上交所科创板的设立无疑会吸引更多的高科技企业选择在沪上市,从而带动长三角乃至整个长江经济带的经济发展,短期内会对深市形成一定的冲击。这从昨天深沪两市的股价变化上可以得到一定程度的反映。但从长期看,这也许并不是坏事。这将鼓励两大交易所在《证券法》和《公司法》以及相关监管条例的框架下积极进行制度创新,努力提升服务质量,以全面提高我国资本市场的运行效率。

其次,这次上交所科创板设立的一大亮点是试点注册制,而"宽进严出"的注册制的核心是"严出"。注册制与目前的审核制相比,无疑是上市制度改革的重要方向和最终归宿。审核制下拟上市公司上市前的漫长排队等待和上市后的"IPO业绩变脸",已将审核制的问题暴露无遗。此外,审核制为部分审核监管官员寻租、设租创造了条件,资本市场很多触目惊心的大案、要案都与此有关,以至于审核官员成为"高危职业"。而"宽进严出"的注册制的核心是"严出",即对没有履行回报投资者承诺的ST公司强制退市和对不实虚假信息披露行为的严厉惩罚。如果未来注册制遇到挑战,笔者预计,问题可能不是出在"宽进"的环节,而是出在"严出"的环节。我们不能将应该打在"严出"身上的板子打在"宽进"身上。这是未来上交所在试点注册制时需要特别引以为戒的。在上述意义上,"竞争中性"原则也应该体现在围绕注册制的相关监管政策的制定上和实践中。注册制的实施同时对中国的法制化道路提出严峻的考验。

最后,上交所科创板围绕上市盈利要求和股权结构设计等吸引高科技创新企业上市的核心制度变革有待观察。为了结束一些高科技企业"境内盈利,境外分红"的局面,2018年年初以来,我国监管当局力推CDR,希望以此"吸引独角兽回归A股"。相关努力最终以原来希望在香港上市同时发行CDR的小米"申请暂缓发行"草草收场,暂无后文。由于存在监管真空和公司治理真空等问题,我们认为,作为一种"介于没有投票权的普通股与未承诺回报率的债券发行之间的一种金融工具",CDR显然无法真正实现"吸引独角兽回归A股"的目标。而解决这一问题的关键是改革包括盈利要求和股权结构设计等方面的基础上市制度。例如,在我国资本市场上臭名昭著的"IPO业绩变脸"现象一定程度上与设置的盈利水平、连续盈利期等上市门槛有关。而对于A股上市需要连续3年净利润超过3 000万元的门槛,事实上大多数高科技创新企业都难以达到。

更加重要的是,我国A股市场"同股同权"的限制使我国很多高科技企业不得不远赴境外上市。长期以来,"同股不同权"股票的发行被认为是与"同股同权"相比,不利于投资者权益保护的股权设计。然而,近二十年来,由于迎合了以企业家为中心的创新导向的企业组织设计理念,伴随着第四次工业革命浪潮的深入,越来越多的互联网相关企业选择发行A、B双重股权结构股票上市。截至2018年上半年,包括京东(2014年上市)、微博(2016年上市)、爱奇艺(2018年上市)等在内的33家境内企业采用了不同投票权构架在美国作第一上市,市值高达5 610亿美元,占所有在美国上市的116家境内企业市值的84%。曾一度拒绝阿里上市的港交所在2018年4月正式宣布将允许"同股不同权"构架的企业赴港上市。2018年7月9日IPO的小米成为以发行A、B股方式在港上市的第一家境内企业。而早在2018年1月,新加坡股票交易所就修改了上市规则,推出了类似政策。

2018年9月26日,国务院发布了《国务院关于推动创新创业高质量发展打造"双创"升级版的意见》(国发[2018]32号)。其中提到,我国未来将"允许同股不同权",支持尚未盈利的创新型企业在A股上市。我们希望,上交所能以这次科创板的推出为契机,积极开展降低盈利门槛和允许发行A、B股等基础上市制度变革。上述变革显然比推出CDR基础得多,当然也重要得多。

# 科创板上市，为什么"同股"却可以"不同权"？*

除了试水注册制，2019年年初以来，科创板的推出带给我国资本市场上市制度的一个显著变革是将允许发行A、B双重股权结构股票。这意味着在我国资本市场中奉行了近三十年的"同股同权"原则将被"同股可以不同权"这一新的原则所取代。应该说，从19世纪末双重股权结构股票在美国诞生之日起，学术界和实务界围绕"同股是否可以不同权"的争议就从来没有停止过。即使在一个世纪后，哈佛大学施莱弗（Shleifer）教授领导的法金融研究团队在评估各个国家（地区）资本市场对投资者权益的保护状况时，依然认为允许"同股不同权"的上市制度是不利于保护投资者权益的上市制度之一。直到今天，为数不少的投资者协会、公司治理协会等组织依然在通过各种途径反对"同股不同权"的上市实践，认为这是对股东基本权益的践踏和侵犯。

那么，一个选择在科创板上市的企业，为什么"同股"，却可以

---

\* 本文曾以《科创板上市，为什么"同股"，却可以"不同权"？》为题发表于财经网，2019年6月4日；收录于本书时有改动。

## 独角兽还是羚羊?
### 公司治理视角下的新经济企业

"不同权"呢?

对于这一问题,一个最直接的理由是,在高度分散的股权结构下,实际控制人可以利用发行双重股权结构股票阻止外部接管威胁,防御"野蛮人入侵"。而从 2015 年开始,我国上市公司第一大股东平均持股比例低于对重大事项可以行使一票否决权的 33.3%,标志着我国资本市场进入分散股权时代,"野蛮人入侵"和控制权纷争将成为常态。

事实上,双重股权结构股票在美国蛰伏了近一个世纪后重新兴起,很大程度上与 20 世纪 80 年代并购浪潮中外部敌意接管对控制权的威胁直接相关。但这恰恰是双重股权结构股票发行长期饱受批评的原因。传统上,外部接管威胁被认为是改善公司治理重要的外部治理机制。而双重股权结构股票发行能够阻止带来公司治理改善的外部接管威胁,这一点不恰恰证明它是不利于投资者权益保护的吗?

然而,令很多持上述观点的学者很长时间内无法解释的是:为什么上述理论认识并没有影响到投资者对双重股权结构股票的态度,进而导致其在实践中自行消退? 与此相反,我们却目睹了双重股权结构股票发行在近二十年来的井喷式发展。包括美国的谷歌、脸书和中国的百度、京东等在内的越来越多的与互联网技术相关的企业,纷纷选择发行 A、B 双重股权结构股票上市。在美国 Snap 公司发行的 A、B、C 三重股权结构股票中,A 类股票甚至不是仅具有较小的投票权权重,而是没有投票权。一度把双重股权结构股票发行视作违背"同股同权"的新加坡等国家和中国香港等地

# 第二篇
## "独角兽"上市与资本市场制度建设

区近年来纷纷修改上市规则,欢迎这类发行"不平等投票权"股票的企业前来上市。因此,对于双重股权结构股票发行存在的现实合理性,我们需要寻求新的解释视角。

一个容易想到的视角是,双重股权结构股票的发行也许有助于实现所有权与经营权的"有效分离"。那么,何谓所有权与经营权的"有效分离"呢?我们知道,以所有权与经营权的分离为特征的现代股份公司的兴起,由于实现了在社会范围内股东的风险分担和职业化经理人的专业决策之间的专业化分工,极大地提升了管理效率,成为人类财富在过去几个世纪以来快速增长的重要原因之一。然而,所有权与经营权分离所带来的一个负面效应是股东与经理人之间严重的代理冲突。这甚至被认为是引发20世纪20年代末经济大萧条的企业制度原因,并"构成对过去三个世纪赖以生存的经济秩序的挑战"(Berle和Means,1932)。因而,对所有权与经营权二者关系的一个新的思考是,如何实现资本社会化与经理人职业化之间的专业化分工带来的效率改善和降低代理成本之间的平衡;换句话说,就是如何实现所有权与经营权的"有效分离"。而双重股权结构股票的发行则有助于实现所有权与经营权的"有效分离"。一方面,权重倾斜的投票权安排使持有B类股票的创业团队在经营管理决策制定过程中享有更多的自由裁量权;另一方面,外部融资和风险分担这一现代股份公司创建的目的得以借助A类股票的发行而实现。一些研究发现,企业发行双重股权结构股票往往并不是为了追求控制权私人收益,而是为了获得对于提高经营决策效率十分重要的经营决策权。因此,在上述意

## 独角兽还是羚羊？
### 公司治理视角下的新经济企业

义上,双重股权结构股票的发行改善了以往经营权和所有权分离关系上,或者偏重专业化分工,或者强调代理冲突,非此即彼的对立认识,使二者的"有效分离"成为可能。

围绕双重股权结构股票发行是如何实现所有权和经营权的"有效分离",基于变相完成双重股权结构股票发行的阿里合伙人制度的案例研究等,我和我的研究团队形成了以下几方面的观察和思考。

第一,双重股权结构股票发行实现了从短期雇佣合约向长期合伙合约的转化。如果我们把传统上股东以任何糟糕业绩表现为借口罢免经理人的权威配置模式理解为股东中心主义的短期雇佣合约,那么,通过权重倾斜的投票权配置,双重股权结构股票的发行使得创业团队完成了从以往的短期被雇佣者到现在的长期合伙人的身份转换。当企业出现短期的经营困难时,目光短浅的股东也许会通过行使他(她)的所有权将经理人直接辞退。因为股东往往并不会比经理人更加清楚,企业在经历短暂的困难之后可能会给股东带来更多也更长久的回报。历史上,作为职业经理人被股东错误辞退的例子,苹果的创始人乔布斯显然不是第一个,当然也不会是最后一个。用通俗的话说,以往"流水的经理人,铁打(流水)的股东",在发行双重股权结构股票后,转变为"铁打的经理人,铁打(流水)的股东",创业团队与外部投资者由此实现了从短期雇佣合约到长期合伙合约的转化,为未来双方的长期合作共赢奠定了坚实的制度基础。

亚当·斯密在《国富论》中为我们描述了被雇佣的"打工仔"和

## 第二篇
## "独角兽"上市与资本市场制度建设

作为主人的"合伙人"无论在心理上还是行为上的差异。"在钱财的处理上,股份公司的董事是为他人尽力,而私人合伙公司的伙员,则纯为自己打算。所以,要想股份公司的董事们监视钱财用途,像私人合伙公司伙员那样用意周到,那是很难做到的。有如富家管事一样,他们往往拘泥于小节,而殊非主人的荣誉,因此他们非常容易使他们自己在保有荣誉这一点上置之不顾了。于是,疏忽和浪费,常为股份公司业务经营上多少难免的弊端。"①

我们注意到,对于双重股权结构股票发行的重新兴起,一些学者喜欢用"劳动雇佣资本"来概括其对照于长期受到批判的"资本雇佣劳动"所带来的雇佣范式的"革命性"转变。然而,从上述讨论中,我们看到,双重股权结构股票发行所涉及的问题似乎并不能通过资本与劳动之间简单的雇佣关系加以涵盖。它显然不是简单的"劳动雇佣资本",当然更不是"资本雇佣劳动",按照我们的观点,而是由短期雇佣合约转化为长期合伙合约了。

第二,双重股权结构股票发行在已经形成的资本社会化和经理人职业化分工格局的基础上进一步成就了股东和创业团队的深度专业化分工,实现了管理经营效率的提升。在双重股权结构下,一方面,创业团队通过持有 B 类股票掌握控制权,专注于业务模式创新;另一方面,持有 A 类股票的外部投资者把自己并不熟悉的业务模式创新决策让渡给创业团队,使自己更加专注于风险分担。资本社会化和经理人职业化之间的专业化分工由此在更深的层面

---

① 亚当·斯密.国富论(上下册):英文珍藏版[M].西安:陕西人民出版社,2005:678.

上展开。这事实上是现代股份公司诞生以来所一直秉持的专业化分工逻辑的延续和深化。

第三,双重股权结构股票的发行成为投资者识别独特业务模式和选择投资对象的特殊信号,减缓了信息不对称下的逆向选择问题。

在基于投资者理性努力寻求套利机会的有效资本市场,即使是股票股利和股票拆分等常规操作都会具有明显的信息内涵。这些行为一方面成为投资者解读上市公司真实信息的途径,另一方面则成为上市公司刻意或无意向资本市场发送的引导投资者行为的信号。我们看到,在一股一票的上市规则盛行,甚至为数不少的学者认为发行双重股权结构股票有违投资者权益保护的伦理的氛围中,如果一家公司敢于通过发行双重股权结构股票上市,无疑向资本市场传递了清晰的信号。

我们注意到,围绕业务发展模式创新的信息不对称使创业团队与外部投资者陷入逆向选择的困境。一方面,希望获得外部资金支持来加速独特业务模式发展的创业团队总被人怀疑为"骗子",很难获得外部融资的支持;另一方面,外部投资者则很难找到具有潜在投资价值的项目。如果说旧车市场是靠质量担保传递旧车质量的信号来解决逆向选择问题,那么,双重股权结构股票的发行也许通过向外部投资者传递创业团队对业务模式创新充满自信的信号,成为解决上述资本市场逆向选择问题的潜在途径。

第四,双重股权结构下 A、B 类股票之间的价格差异一定意义上构成"企业家间接定价"的折现。

# 第二篇
## "独角兽"上市与资本市场制度建设

除了阻止外部敌意接管行为发生,双重股权结构股票发行对投资者权益保护不利的直接证据可能来自以下事实:在A、B双重股权结构股票中,具有多票投票权的B类股票的市场价值远远高于只具有一票投票权的A类股票。二者的差异由此被一些学者用来度量实际控制人通过B类股票的持有预期未来可能获得的控制权私人收益。对此的一个解释是,正是由于预期到获得控制权后可以获得更多的控制权私人收益,理性的实际控制人才愿意以如此之高的价格购买能够带来实际控制权的B类股票。

如何合理解释双重股权结构下A、B类股票之间的价格差异,显然成为提倡双重股权结构股票发行的学者必须逾越的一道障碍。需要说明的是,现在越来越多的发行双重股权结构股票的公司同时推出"日落条款",以防止其中的B类股票成为以相对低廉的成本获得控制权的途径。例如,很多"日落条款"明确规定,当创业团队出让所持有的B类股票时,B类股票将自动转为A类股票。上述实践意味着,A、B类股票之间的价格差异看上去并不像对控制权私人收益进行定价那样简单。

事实上,对A、B类股票的价格差异给予合理解释的一个重要启发来自杨小凯和黄有光教授发展的企业家间接定价理论。按照他们的理论,不同于职业经理人获得市场化的薪酬(直接定价),企业家的管理知识往往难以直接定价。而通过组织企业,企业家避免了对管理知识进行直接交易和直接定价。因此,企业家所获得的对企业的剩余索取权事实上就成为对其拥有的管理知识的间接定价。在上述意义上,企业家获得企业的剩余索取权同鼓励创新的专利制度一样,鼓励了企业家对管理知识的学习和积累。

不同于杨小凯和黄有光教授认为管理才能的间接定价是在事后以剩余索取权的方式实现的,基于双重股权结构股票发行的特定场景,我们倾向于认为,双重股权结构股票的发行使得企业家事后的间接定价提前"折现"成为可能。因而,在一定意义上,我们可以把 B 类股票价格高于 A 类股票价格的溢价部分解释为"企业家间接定价"的折现。这是外部投资者基于市场意愿向创业团队围绕业务模式创新的人力资本投入所支付的溢价,因为投资者是否愿意购买以及以什么价格购买与 B 类股票投票权不同的 A 类股票,完全是标准的市场行为。

当然,为了阻止一些创业团队可能的道德风险倾向,在双重股权结构股票的设计上,除了对 B 类股票转让有严格禁售期约定,外部投资者还需要引入"日落条款"等,以消除 B 类股票的突然退出对企业平稳运行的潜在影响。

我们看到,上述四个观察视角一定程度上有助于解释,一个选择在科创板上市的企业为什么"同股"却可以"不同权"。概括而言,之所以近二十年来越来越多的高科技企业青睐通过发行"同股不同权"的 A、B 双重股权结构股票上市,是由于这种上市制度适应了以互联网技术为标志的第四次工业革命浪潮对业务模式创新导向的组织变革和重构的内在需求。

# 为什么高科技企业更加青睐不平等投票权的股权设计？*

传统上，A、B双重股权结构被认为是与"同股同权"的"一股一票"相比，不利于外部分散股东权益保护的股票发行模式。例如，在哈佛大学施莱佛（Shleifer）教授等完成的关于主要国家和地区投资者权利法律保护状况的评估研究（LLSV，1998）中，采用"一股一票"方式被认为是向投资者权利提供较好保护的指标之一。即使到了20世纪90年代中期，美国上市公司中也只有6%的公司采用双重股权结构，其市值约占美国股市总市值的8%。

然而，近二十年来，伴随着以互联网技术为标志的第四次工业革命浪潮的深入，包括谷歌、脸书等在内的越来越多的高科技企业选择发行A、B双重股权结构股票上市。2017年3月，在美国纽交所上市的Snap公司甚至推出A、B、C三重股权结构股票的股权设计方案。

由于我国A股市场尚不允许发行"同股不同权"的股票，因此

---

\* 本文曾以《为何高科技企业更青睐不平等投票权的股权设计？》为题发表于《经济观察报》，2019年1月7日；收录于本书时有改动。

**独角兽还是羚羊?**
公司治理视角下的新经济企业

包括百度、京东、微博、爱奇艺等在内的数十家优秀的企业选择在境外直接发行A、B双重股权结构股票上市。虽然在形式上采用的是单一类型股票发行,但阿里在美国纽交所以"合伙人制度"变相实现了"不平等投票权"的股权结构设计。例如,在股东认同和公司章程背书下,持股比例远低于第一大股东软银(持股31%)和第二大股东雅虎(持股15%)的阿里合伙人(持股13%)有权任命董事会的大多数成员,从而成为阿里的实际控制人。

科斯把企业理解为以"权威"配置资源,以区别于基于价格机制引导进行资源配置的市场。我们看到,在公司治理实践中至少存在两种典型的以"权威"配置资源的范式。一种是强调"股权至上",即以股东为公司治理权威的"股东中心"的治理范式。例如,在美国苹果公司发展历史上做出突出贡献的乔布斯,身为职业经理人一度被苹果的股东们"扫地出门"。

而2004年在美国纳斯达克上市的谷歌则选择了一种与苹果公司完全不同的企业权威分配模式。谷歌向外部投资人发行的是每股只有1份投票权的A类股票,而两位共同创始人佩奇和布林以及CEO施密特持有的则是每股有10份投票权的B类股票。通过发行具有不平等投票权的A、B双重股权结构股票,佩奇和布林等牢牢掌握了谷歌的控制权。

从表面上看,苹果和谷歌分别代表以投票权是否平等相区分的两种股权结构设计方案,但其背后深层次的问题却是公司治理权威究竟是以股东还是企业家为中心的公司治理范式选择问题。通过双重股权结构股票的发行,谷歌把在企业资源配置中产生重

# 第二篇
## "独角兽"上市与资本市场制度建设

要影响的权威向佩奇和布林等少数企业家倾斜,从而形成了以企业家为公司治理权威的所谓"企业家中心"的治理范式。而苹果公司所采用的"同股同权"模式则维持了以往股东作为公司治理权威的传统。

我们注意到,虽然苹果公司生产的智能手机是互联网技术的重要载体,但苹果公司在河南郑州拥有雇员一度超过25万人的代工工厂的事实表明,其本质上仍然属于制造业。而采用不平等投票权构架的谷歌毫无疑问来自高科技行业。在我国这些直接或间接采用不平等投票权股票发行的公司中,我们同样不难发现,很多公司都是与互联网技术存在密切关系的高科技企业。那么,为什么高科技企业更加青睐不平等投票权的股权结构设计呢?或者说,为什么高科技企业更加青睐"企业家中心"的公司治理范式呢?

第一,以互联网技术为标志的第四次工业革命带来的信息不对称加剧对创新导向的企业组织重构和"企业家中心"的公司治理范式提出了内在需求。

由于具有风险识别能力和责任承担能力,早在熊彼特时代,企业家即被誉为"经济增长的国王"。但在很长的时期内,企业家的价值仍然需要通过一定程度上"看得见、摸得着"的现金流来体现,而股东所投资的资本成为企业家现金流创造不可或缺的资源,由此导致了股权在公司治理权威分配中处于"至上"地位的"股东中心"的公司治理范式的长期流行。

然而,人类步入互联网时代后,"大数据"的数据采集方式和"云计算"的数据处理能力在公司现金流识别问题上带来两方面的

## 独角兽还是羚羊？
### 公司治理视角下的新经济企业

深刻变化。一方面,它使得资本市场投融资双方的信息不对称问题有所减缓。例如,阿里集团旗下的新零售旗舰——银泰商厦基于大数据分析可以将22—25岁的女性识别为目标客户,进行精准营销。但另一方面,基于互联网技术的新兴产业发展日新月异,投融资双方围绕业务发展模式,从而现金流来源的信息不对称问题加剧。外部投资者长期以来习惯于基于现金流分析、利用净现值(NPV)法则来判断一个项目是否可行,现在突然发现在一些与互联网技术相关的业务模式中,甚至很难理解现金流是如何产生的。例如,"买主直接买,卖主直接卖""没有中间商赚差价"是瓜子二手车直卖网等网站的广告词。如果这些平台业务的开展并非像一些投资者预期的通过赚取卖家和买家之间的价差形成现金流,那么,它们的现金流又是从何而来呢?近年来在金融圈有一个流行的说法:"(互联网金融)做好了就是互联网金融,做不好就是非法集资诈骗。"小米创始人雷军曾经有句名言:"站在风口,猪也能飞起来。"但问题是谁有能力识别那只能即将飞起来的猪?谁又有能力识别自己是否站在风口? 我们看到,随着第四次工业革命的深入和互联网时代的来临,外部投资者与创业团队围绕现金流来源识别和业务模式创新的信息不对称不是减缓了,而是加剧了。

于是,投融资双方在互联网时代加剧的信息不对称下的逆向选择问题出现了:一方面,希望获得外部资金支持来加速独特业务模式发展的创业团队由于无法说清楚现金流从何而来,总是被人怀疑是"骗子",很难获得外部融资;另一方面,"不差钱"的外部投资者则很难找到具有潜在投资价值的项目,资本市场资金"空转"

# 第二篇
"独角兽"上市与资本市场制度建设

事件时有发生。

因此,互联网时代对创新导向的企业组织重构提出了迫切需要。一方面,新的治理范式能够向资本市场发出明确的信号,破解逆向选择难题,以寻求外部资金的支持;另一方面,它能够有效避免外部投资者的指手画脚、过度干预,把围绕业务模式创新的专业决策交给"术业有专攻"的创业团队,让"专业的人办专业的事"。而使对资源配置产生重要影响的权威向少数企业家倾斜的不平等投票权的股权结构设计无疑有助于上述目标的实现。我们看到,在上百年的发展历程中饱受质疑和批评的A、B双重股权结构正是由于迎合了第四次工业革命对创新导向的企业组织重构的内在需要,而重新获得了理论界和实务界的认同。它的重新兴起成为高科技企业的公司治理范式从"股东中心"向"企业家中心"转变的重要标志。

第二,技术密集型的高科技企业物质资本权重低,估值波动大,很容易在资本市场上成为接管对象,因此需要建立有效防范"野蛮人入侵"的制度安排,以鼓励创业团队人力资本的持续投入。

在资本市场,固定投入有限从而资本权重不高,题材时髦从而估值波动较大的高科技企业,很容易成为资本市场接管方青睐的并购对象。由于控制权的不当安排,乔布斯一度被迫离开自己亲手参与创办的苹果公司。也许我们用中国俗语"早知如此,何必当初"来评价被迫去职的乔布斯当时的内心感受是最恰当不过的。容易理解,如果预期到自己一手创建的企业未来将轻易地被"野蛮人"占为己有,还有哪个创业团队愿意不辞辛劳、夜以继日地打拼呢？创业团队的人力资本事前投资的激励由此将大为降低。而没有对"野蛮人入侵"设置足够高的门槛，挫伤的也许不仅仅是创业团队人力资本的投资激励，还有整个社会的创新氛围和创新文化。如果任由"野蛮人"肆虐横行，未来我们在资本市场上观察到的也许更多的是巧取豪夺，而不是人力资本的投入和技术创新。

事实上，防范"野蛮人入侵"对于当下中国资本市场发展具有特殊的现实意义。从2015年开始，我国上市公司第一大股东平均持股比例低于被认为象征"一票否决权"的33%，标志着我国资本市场进入分散股权时代。一个可以预见的事实是，并购行为将会比以往任何时候更加频繁，甚至不惜以相对极端的"野蛮人入侵"和控制权纷争的面貌出现。著名的万科股权之争和"血洗"南玻A董事会等公司治理事件事实上都是在这一背景下发生的。我国上市公司对经理人内部人控制等传统经理人机会主义行为倾向的重视程度，正在由于"野蛮人入侵"等股东机会主义行为的存在而下降。包括我国在内的全球公司治理理论界和实务界迫切地需要探索互联网时代的公司治理制度设计，以积极应对"野蛮人入侵"等股东机会主义行为频繁发生的问题。

而在资本市场为"野蛮人"设置门槛的理论和实践意义就像在研发领域设立保护和鼓励创新的专利制度一样。不平等投票权由此成为在互联网时代保护和鼓励人力资本投入的"资本市场上的专利制度"。

第三，上述从"股东中心"向"企业家中心"的公司治理范式转变一定程度上还与公司治理学术界对所有权与经营权关系的重新

# 第二篇
## "独角兽"上市与资本市场制度建设

认识有关。

现代公司治理问题的提出始于 Berle 和 Means 在 1932 年出版的《现代公司和私有财产》一书。在这本以反思 20 世纪二三十年代全球经济大萧条的金融制度根源为题材的著作中,Berle 和 Means 认为大萧条的出现一定程度上与现代股份公司所扮演的消极角色有关。他们在书中抱怨:"随着公司财富的所有权变得更加广为分散,对这些财富的所有权与控制权已经变得越来越少地集中于同一个人之手。在公司制度下,对行业财富的控制可以而且正在被以最少的所有权利益来完成。财富所有权没有相应的控制权,而财富的控制权没有相应的所有权,这似乎是公司演进的逻辑结果。"①在所有权和经营权分离的现代股份公司,失去财富所有权的外部分散股东将面临拥有经营权的职业经理人的挥霍和滥用,使股东蒙受巨大损失,这不仅成为 20 世纪二三十年代全球经济大萧条的金融制度根源,而且"对过去二个世纪赖以生存的经济秩序构成威胁"②。该书所强调的经理人与股东之间的代理冲突由此在公司治理理论研究和政策实践中留下了深深的印记。

然而,回顾近代全球经济发展历史,我们不难发现,现代股份公司借助所有权和经营权分离所实现的"经理人职业化"和"资本社会化"之间的专业化分工,为人类社会文明的进步掀开了全新的一页。按照加州大学伯克利分校德龙(Delong)教授的研究,在人

---

① Berle, A. A. and Means, G. C. The Modern Corporation and Private Property. 2nd ed.[M]. London: Routledge, 2017: 66.

② Ibid., p.8.

**独角兽还是羚羊?**
公司治理视角下的新经济企业

类历史上250万年前旧石器时代至今的漫长岁月里,99.99%的时间长度内,世界人均GDP基本没什么变化。但在过去的250年中,世界人均GDP突然有了一个几乎是垂直上升的增长。这可以从马克思的观察——"资产阶级在它的不到一百年的阶级统治中所创造的生产力,比过去一切世代创造的全部生产力还要多,还要大"①——中得到侧面证明。这一变化显然离不开现代股份公司这一支撑专业化分工的生产组织制度的出现,以至于巴特勒把现代股份公司认为是"近代人类历史中一项最重要的发明",认为"如果没有它,连蒸汽机、电力技术发明的重要性也得大打折扣"②。

同样是构成现代股份公司基本特征的"所有权和经营权的分离",一方面,它带来了经理人职业化与资本社会化之间的专业化分工,使效率得以极大提升;另一方面,它则成为股东和经理人之间代理冲突的根源,产生代理成本。然而,长期以来,受Berle和Means(1932)反思大萧条情结的影响,公司治理理论界和实务界看到的更多是现代股份公司由于所有权与经营权分离产生的代理冲突和形成的代理成本,而忽略了现代股份公司中最重要的经理人职业化和资本社会化的专业化分工。公司治理理论界和实务界逐渐认识到,正确的公司治理制度设计理念应该是如何在现代股份公司专业化分工带来的效率提升与所有权和经营权分离衍生出来的代理冲突之间进行平衡,而不是顾此失彼。

---

① 卡尔·马克思.资本论(第一卷)[M].北京:人民出版社,2004:690.
② 转引自 Lewis W. D., Newton W. P. The writing of corporate history[J]. The Public Historian, 1981, 3(3):63。

# 第二篇
"独角兽"上市与资本市场制度建设

而"同股不同权"的股权结构设计则有助于经理人和股东之间的专业化分工程度进一步加深。在不平等投票权的股权结构下,一方面,由创业团队掌握高科技企业控制权,专注业务模式创新;另一方面,面对基于互联网技术的新兴产业快速发展日益加剧的信息不对称,外部投资者则"退化"为类似于债权人的普通投资者,把自己并不熟悉的业务模式创新决策让渡给创业团队,而使自己更加专注于风险分担,"让专业的人做专业的事",由此使得资本社会化和经理人职业化之间的专业化分工在更深的层面展开。这事实上是现代股份公司诞生以来所秉持的专业化分工逻辑的延续。它同样是亚当·斯密在《国富论》中讨论"别针工厂"时提及的专业化分工思想的体现。

在上述意义上,"同股不同权"的股权结构设计对专业化分工加深的重视和强调也标志着公司治理理论界和实务界逐步在理念和行动中走出 Berle 和 Means(1932)以来对所有权与经营权关系的认识误区,从以往强调控制权占有转向追求专业化分工带来效率改善的合作共赢。

正是在上述三方面的现实和理论背景下,我们看到,过去的二十年见证了高科技企业股权结构设计理念从"同股同权"到"不平等投票权"的转变。不平等投票权股票的发行从被认为不利于外部投资者权益保护,到如今成为各国鼓励创新型企业快速发展的普遍政策工具;发行不平等投票权股票的新经济企业从一度因违背"同股同权"原则而被拒绝上市,到今天各国和地区纷纷修改上市规则加以"拥抱"。

### 独角兽还是羚羊?
#### 公司治理视角下的新经济企业

以不平等投票权为标志的"企业家中心"的公司治理范式正在演变为高科技企业公司治理制度变革的全球趋势。曾一度拒绝阿里上市的港交所在2018年4月正式宣布将允许"同股不同权"构架的公司赴港上市。2018年7月9日IPO的小米成为以发行A、B股方式在港上市的第一家境内企业。

而围绕如何使独角兽企业回归A股,我国于2018年年初出台政策允许在境外上市的独角兽企业同时在境内发行CDR。2018年9月26日国务院发布的《国务院关于推动创新创业高质量发展打造"双创"升级版的意见》中正式提出未来将"允许同股不同权",支持尚未盈利的创新型企业在A股上市。

目前,我国上交所正在为推出科创板进行积极准备。除了试点注册制股票发行制度改革,基于本文的分析,我们认为,允许高科技企业发行"同股不同权"股票同样应该成为试点的重要内容。因为"同股不同权"股票发行背后体现的"企业家中心"的公司治理范式与高科技企业技术密集的产业属性和创新导向的企业组织重构需要是内在契合的。也唯有如此,科创板才能真正开启通往中国"纳斯达克"之路。

# 我们应该如何反思中国的"金融风暴"?*

2018年是美国次贷危机引发的全球金融危机爆发十周年。美国学术界掀起了一股探究和反思什么因素导致这场"金融风暴"发生的热潮,各个大学和研究机构纷纷召开研讨会,发表和出版了一系列闪烁着真知灼见的论文和书籍。如果说2008年中国的金融危机仅仅是由于美国"感冒"引起的一阵"喷嚏",那么,对于2015年我国资本市场经历的千股跌停的"股灾",以及在时隔三年多的2018年我国资本市场再次经历的千股跌停的"新股灾",中国学术界应该如何反思呢?

两场"股灾"看似发生的时间,进而所面临的国际国内政治经济环境不同,但它们有很多相似之处。其中一个很重要的方面是政府这只"看得见的手"始终或明或暗地游离于资本市场的上空。2015年,政府怀着解决包括互联网企业在内的新经济企业融资难的初衷,积极推动股价的攀升,以降低新经济企业的融资成本,以至于主流报刊高喊"4 000点才是牛市的开始",一度把跳广场舞的大妈们"忽悠"到股市中。更早些时候,监管当局不满意蓝筹股估

---

\* 本文曾以《我们应该如何反思中国的"金融风暴"?》为题发表于财经网,2018年8月8日;收录于本书时有改动。

## 独角兽还是羚羊？
### 公司治理视角下的新经济企业

值偏低、上市公司不关心股价的现象，鼓励上市公司进行在资本市场实践中一直颇受争议的市值管理。一时间以提升股价为目的的雇员持股计划、并购重组甚至企业更名等五花八门的市值管理手段纷至沓来。

很多学者把2018年"股灾"的发生归因于中美贸易摩擦、去杠杆政策出台和新资管计划落地等短期政策冲击。在笔者看来，"股灾"的发生有外因，更有内因。其中一个重要原因同样是政府这只"看得见的手"的有形和无形干预。面对新经济相对于传统经济颠覆式的快速发展，结束部分新经济企业"境内盈利，境外分红"的局面，使所谓的独角兽企业回归A股，成为2018年年初监管当局重要的目标。而这些新经济企业普遍采用的A、B双重股权结构和VIE构架与我国现有的《公司法》框架并不兼容。围绕上述条款的《公司法》修改显然不是在短期内可以完成的。为了规避《公司法》修改程序的漫长，监管当局别出心裁地推出了一种被称为CDR的金融工具，甚至为所谓的独角兽企业上市和发行CDR开辟绿色通道。这种类似于未承诺回报水平的债券类金融产品的推出被很多媒体和学者解读为"实现了独角兽对A股的回归"。于是中国资本市场到处弥漫着估值高、成长快的独角兽企业这一新的投资元素，使得无数期待分享新经济发展红利的股民本能地预感到一轮新牛市的来临。当人为营造的丰满理想和实体经济严重下滑的骨感现实相碰撞后，在每一个股民的内心深处事实上都会形成这种虚假的行情不可持续的认识。美图、众安在线、雷蛇、易鑫、阅文、平安好医生等一些独角兽企业在香港IPO的"破发"则进一步加深了投

## 第二篇
"独角兽"上市与资本市场制度建设

资者的上述认识,投资者认为股市即将崩盘的情绪在积极酝酿中。尽管大多数股民对股市崩盘有一定预期,但为数不少的股民仍然心存侥幸,认为总有一些乐观的投资者愿意接盘。此时的股市看上去有升有降,还能勉强维持平稳。

在博弈理论中,从共享知识到纳什均衡形成所需要的基于理性共识的公共知识转变需要一个外部冲击。当每个股民都认为虚假的行情不可持续、股市即将崩盘时,这还是仅仅停留在共享知识阶段。忽然间,中美贸易摩擦、去杠杆政策出台和新资管计划落地等外部事件接踵而来,每个股民开始意识到,认识到虚假的行情不可持续、股市即将崩盘的不仅仅是自己。当每个股民都知道其他股民同自己一样,已经知道对方对股市即将崩盘有充分预期时,此时的共享知识就转变为公共知识,于是股民"谁跑得快,谁损失少"就成为上述博弈下的纳什均衡。千股跌停的"股灾"由此发生了。

需要说明的是,迄今为止,上述分析完全建立在基于理性视角的传统博弈论分析框架下,我们并没有采用当下金融学流行的行为金融视角。当然,在"股灾"发生的过程中,我们并不能排除面对股价急剧下跌滋生的恐慌情绪中一些投资者的羊群追随行为发生的可能性。至于千股跌停的过程中究竟有多少投资者是出于骨感现实和丰满理想冲突导致幻灭的理性思考,又有多少投资者是出于羊群追随行为,同样是未来金融实证研究需要关注的问题之一。

我们看到,上述框架似乎能够对我国资本市场三年多时间内发生两次"股灾"提供逻辑一致的解释。如果抛开上述视角,单纯从中美贸易摩擦、去杠杆政策出台和新资管计划落地等技术层面

## 独角兽还是羚羊?
### 公司治理视角下的新经济企业

视角解释,我们只能观察到涉及中美进出口贸易、面临融资约束的部分企业股价的下跌,而不会观察到千股同时跌停的场面。例如,在中美贸易摩擦的背景下,出口外向型企业的股价下跌不仅在意料之中,而且在情理之内,但主要以面向境内消费者为主的内需型企业的股价显然没有下跌的理由,甚至有理由不降反升。一些学者喜欢从多种因素的叠加来对"股灾"的发生加以解释。笔者本人并不太喜欢这种把看似能用简单理论讲清楚的问题人为复杂化的解释。退一步讲,即使这种叠加效应是导致2018年"股灾"爆发的主要因素,让我们想一想,对于千股跌停的"股灾",得需要多少种因素叠加才能勉强给出一个近乎合理的解释啊?!

对于"股市有风险,投资需谨慎"的资本市场,股价有升有降原本再正常不过。如果我们怀揣着复杂动机,试图人为地推高股价,无疑将会加大股票市场自身的波动程度。作为对照,我们观察到中国香港资本市场在进行允许A、B双重股权结构股票发行等基础上市制度改革后,一些独角兽企业在港交所IPO"破发"。但香港资本市场监管当局受到的指责明显少得多。正如港交所行政总监李小加先生所表述的,交易所只是为买卖双方提供股票交易的平台,交易所需要做的是保证上市程序的公正和信息的透明。投资者在多大程度上认同或不认同这只股票,自然只是投资者自己的事,即使股价下跌,对监管当局也没有什么好抱怨和可抱怨的。因此,如果说我们能从两次"股灾"中汲取什么教训,那就是,监管当局应该努力成为资本市场公平游戏规则的制定者和维护者,做一个好的裁判员。

# 避免把资本市场当作政策工具[*]

近期出台的《中共中央 国务院关于学前教育深化改革规范发展的若干意见》从遏制过度逐利行为的良好愿望出发,提出民办幼儿园一律不准单独或作为一部分资产打包上市,同时上市公司不得通过股票市场融资投资营利性幼儿园,不得通过发行股份或支付现金等方式购买营利性幼儿园资产。此消息一出,在美国上市的包括红黄蓝、博实乐等在内的幼儿园教育相关中概股的股价暴跌。其中,此前员工涉嫌虐童事件的红黄蓝的股价跌幅超过 50%。一些人把上述政策的出台以及由此导致的股价下跌与红黄蓝幼儿园历史上发生的虐童事件联系在一起,甚至认为这是罪有应得。那么,我们应该如何评价政府以限制上市的方式来遏制私立幼儿园所谓的"过度逐利"行为呢?

第一,如果将员工虐童事件与民办幼儿园"过度逐利"联系在一起,那显然是开错了药方。员工虐童事件一定程度上是政府监管问题,甚至是民事纠纷法律诉讼问题。红黄蓝幼儿园虐童事件之所以引起极大关注,我们认为,很大程度上是因为幼儿园供给不

---

[*] 本文曾以《规范学前教育,避免把资本市场当作政策工具》为题发表于 FT 中文网,2018 年 11 月 19 日;收录于本书时有改动。

**独角兽还是羚羊?**
公司治理视角下的新经济企业

足引发的"一位难求"的情绪喧嚣。解决这一问题的正确途径是增加幼儿园的有效供给,同时通过政府监管提升幼儿园的服务质量。而对于现阶段社会需求旺盛但幼儿园供给不足的问题,只能是鼓励包括私立幼儿园在内的社会资金的投入。目前限制私立幼儿园上市的做法无疑阻塞了原本稀缺的资金筹集渠道,惩罚的不仅仅是应该由监管方和法律惩罚的红黄蓝幼儿园,还可能"伤及"亟待资金支持的幼儿园事业本身。

第二,即使"过度逐利"是一个值得解决的问题,难道通过简单的限制上市就可以解决吗?亚当·斯密曾经说过:"我们每天之所以能吃到新鲜的面包,不是由于面包师的仁慈,而是由于他的贪婪。"[①]当一些人只看到面包师的贪婪时,亚当·斯密却看到了面包师的贪婪带给我们的新鲜面包。我们看到,正是在明确逐利动机的驱使下,民营企业才会克服重重困难,使很多在公立幼儿园"一位难求"的家长有机会使自己心爱的儿女有园可上。因而笔者认为,与限制上市相比,"过度逐利"问题的解决应更多地依靠法制社会的规范和人类文明进步的引导。

同样重要的是,一个逐利动机明确的幼儿园其实并不希望发生类似的虐童事件,而是希望建立良好的企业形象,实现基业长青,因为此类事件最终将损害的是它的声誉,以及声誉背后的"真金白银"。考虑到虐童事件发生后红黄蓝幼儿园遭受的各种社会惩罚,甚至这次相关政策出台后的股价暴跌,我们认为,从内心深

---

① Smith, A. The Wealth of Nations[M], New York: The Modern Library, 1937.

## 第二篇
## "独角兽"上市与资本市场制度建设

处最不希望发生这种事的一定是怀着"逐利动机"的投资方本身。

第三,资本市场只是筹集资本的要素市场之一,作为市场经济的典型范例,它不应该有太多来自政府的干预,更不应该沦为政策工具。简单回顾资本市场的发展历史,就像任何市场一样,它的形成是基于资金需求方和供给方的"自由意愿"。1602年成立的第一家股份公司荷兰东印度公司为了方便股东的退出,于1611年设立了全球第一家股票交易所。我们看到是先有投融资双方的交易意愿,然后有市场的形成,之后才会衍生出政府的监管需求。对于"股市有风险,入市需谨慎"的资本市场,政府既不能对股民投资血本无归负责,当然也不应该仅仅因为可能"过度逐利"而限制企业上市。事实上,上交所试点科创板注册制的一个重要目的正是把是否上市的判断权更多地交给市场。在这一意义上,限制私立幼儿园上市的相关规定与上述上市制度改革的方向和精神相悖。

总结上面的分析,我们强调以下三点:

第一,对于幼儿园服务质量提高问题,我们应该从产权控制(所谓"公立或私立")、行政监管(所谓"限制上市")等思维中跳出来,回到加强政府对相关服务质量的监管和法律环境的改善这一根本途径上来。

第二,我们不仅要看到私立幼儿园逐利、贪婪的一面,更要看到在明确逐利动机的驱动下,私立幼儿园弥补公立幼儿园供给不足的"市场发现"功能的一面。

第三，资本市场只是投融资双方意愿一致的反映，只要交易是真实合法的，政府就应该鼓励，应避免把资本市场当作政策工具。资本市场一旦沦为政策工具，损害的可能不仅是那些被限制上市或扶植上市的部分企业或行业，还有资本市场以及监管当局的声誉。

# 从深圳的实践看"产业政策之争"*

产业政策长期以来被一些学者认为是"有为政府"按照资源禀赋决定的比较优势制定产业政策，引导相关产业快速发展，实现"弯道超车"，创造中国经济增长奇迹的重要政策工具。由于满足了部分政府官员围绕政治晋升开展GDP"锦标赛"的内在需求，同时迎合了希望参与和影响产业政策制定，甚至有朝一日能够揭示中国经济增长奇迹之谜的经济学者的期许，产业政策主张受到不少政府官员和经济学者公开和私下的欢迎。

与此同时，多年来中国学术界和实务界始终存在对产业政策尽管微弱但持续的理性批评声音。一些学者主张，新产业的出现和形成并非来自自然资源禀赋状况所决定的比较优势，更非政府根据比较优势制定产业政策实现的"弯道超车"和迎头赶上，而是企业家在创新过程中自发形成的。由于缺乏当地信息、风险识别能力和相应的责任承担能力，政府所制定的产业政策成为"穿着马甲的计划经济"，因此"最好的产业政策就是没有产业政策"。

在2018年10月26日由《财经》杂志、联办财经研究院和涂鸦

---

\* 本文曾以《从深圳的实践看"产业政策之争"》为题发表于FT中文网，2018年11月1日；收录于本书时有改动。

## 独角兽还是羚羊?
### 公司治理视角下的新经济企业

智能联合主办的"科技与创新 2018——全球智能化商业峰会"上,深圳市委原常委、深圳市原副市长张思平先生做了题为"没有名牌大学的深圳,高科技产业是怎么崛起的?"的主旨演讲。该演讲用令人信服的事实和有力的证据揭示了"没有名牌大学,也没有国家级研究机构"的深圳在改革开放中,"高科技企业却蓬勃发展,成为全国领先的创新型城市,被誉为'中国硅谷'"背后的原因。截至 2017 年年底,深圳国家级高科技企业有 1.12 万家,还有近 19 万家不同类型、不同规模的科技企业;2017 年全年高科技产业增加值为 7 359 亿元,占深圳市 GDP 的 32%。张思平先生的演讲事实上为我们回顾和总结政府产业政策的历史作用提供了难得的例证。

在围绕产业政策的争论中,两派学者的主要分歧集中在政府是否有能力制定产业政策上。赞同产业政策的学者主张,有为政府应该补贴"第一个吃螃蟹的人",以鼓励创新,从而引导产业发展。反对产业政策的学者则认为,受到认知的局限,政府的计算能力和判断能力是十分有限的。由于缺乏当地信息和认知的局限,政府不会必然比企业家更知道"螃蟹是否真的可以吃",更无从知道申请补贴的企业是真的希望"吃到第一只螃蟹",还是希望骗取政府的补贴。相反,"品尝美味"的原始冲动和希望由此创造一个新的产业的内在动机会使一些具有风险识别能力和冒险精神的企业家自动站出来,成为"第一个吃螃蟹的人"。

近年来,一些互联网实务工作者指出,大数据的出现将突破计划经济所面临的信息收集困难的瓶颈,从而将赋予计划经济和产业政策制定以新的生命。我们看到,大数据的数据采集模式和云

## 第二篇
## "独角兽"上市与资本市场制度建设

计算的数据处理能力一方面使信息收集成本降低,信息不对称问题减缓,但另一方面随着基于互联网技术业务模式的日新月异,又带来新的信息不对称。例如,小米科技的创始人雷军曾经说过:"站在风口上,猪也能飞起来。"但问题是,谁也不知道自己是不是已经站在风口上,风口没有到来还是已经过去了。我们观察到,为了适应以互联网技术为标志的第四次工业革命对创新导向的企业组织重构的内在需求,越来越多的互联网企业选择发行双重股权结构股票上市。而中国新经济企业的代表阿里和腾讯则以"合伙人制度"和"大股东背书"的模式完成了"企业家中心"的股权结构设计的制度创新。其核心是,作为公司治理权威的股东通过全部或部分让渡控制权,"退化"为类似于债权人的普通投资者,以此把围绕业务模式创新的相关决策权交给那些真正能把握的企业家,"由专业的人做专业的事"。这意味着,在互联网时代,由于日益加剧的业务模式的信息不对称,即使在阿里,连还算专业的投资者软银和雅虎也不得不放弃围绕业务模式创新的决策,将其交给更加专业的阿里合伙人。

对于远离业务模式创新中心的政府来说,情况显然更是如此。按照张思平先生几十年来在深圳的经验,"凡是天天找市长,向政府要政策的企业,或者采取各种方式,甚至不择手段去争取政策资金支持的科技企业没有几个最终成功的"[①]。张思平先生对此的解释是:"政府可以说是市场需求和市场信息传递的最后接收者,政

---

① 张思平. 没有名牌大学的深圳,高科技产业是怎么崛起的?[EB/OL]. (2018-10-27)[2019-09-01]. http://finance.ifeng.com/a/20181027/16546499_0.shtml

**独角兽还是羚羊？**
公司治理视角下的新经济企业

府根据最后一道信息制定的产业政策,往往跟不上市场的变化,是滞后的。尽管政府多年来一直在改进管理,提高办事效率,但总的说来,当前政府仍然效率低下、程序复杂,制定规划、确立政策、设立基金往往需要几年的时间,因此主要靠政府的产业基金扶持政策的企业,很难有多少在市场竞争中取得成功的。"[1]

事实上,相信政府能够凭借大数据的数据采集模式和云计算的数据处理能力制定出科学合理的产业政策,正如哈耶克对"建立在计算技术发展基础上的计划经济能够成功"的批评所说的,是"致命的自负"。福特很早就说过,如果利用市场调查(当时的大数据)来研发和生产你的产品,那么很多被调查者更希望看到的是"更好的马车",而不会是"汽车"。

或许我们用政府已经完成的产业政策产生的实际社会经济效果反过来验证政府是否具有制定产业政策的能力更有说服力。有些学者把中国改革开放四十年来经济取得的巨大成就归因于"把政府不该管、管不了也管不好的事交给市场去自行调节"。上述判断事实上来自正、反两个方面的经验和教训的总结。从正面的经验看,政府的较少介入造就了相关产业的繁荣。最近在接受《日本经济新闻》采访并解释"为什么新经济企业在中国发展迅速"时,笔者总结了构成中国传统文化所谓的"天时,地利,人和"三个因素。除了迎合了第四次工业革命发展的浪潮对创新导向企业组织重构的内在需求和勤劳智慧的中国企业家在市场经济的环境下创

---

[1] 张思平. 没有名牌大学的深圳,高科技产业是怎么崛起的?[EB/OL].(2018-10-27)[2019-09-01]. http://finance.ifeng.com/a/20181027/16546499_0.shtml

# 第二篇
## "独角兽"上市与资本市场制度建设

造了很多创新导向的企业组织制度,另一个重要原因是中国在以市场为导向的经济转型过程中,政府的工作重心逐步转向基础战略性产业,而把互联网等政府并不熟悉的新兴发展产业交给市场。改革开放由此释放了民间经济发展的活力,为新经济企业赢得了发展空间。它构成新经济企业在中国蓬勃发展需要的基本外部政策环境。

反面的教训则不胜枚举。例如光伏产业,政府曾通过相关产业政策给予相关企业很多补贴,结果使光伏产能很快形成过剩局面。现在实施的供给侧改革,很大程度上都是在解决上一轮产业政策导致的产能过剩问题。在新能源产业方面,政府同样投入了大量的财政支持。一些专家预测,新能源产业有可能成为第二个光伏产业。如果政府放手不管,靠企业自己去识别有价值的项目,承担相应的投资风险,则做出的决策可能会理性得多。

而张思平先生对深圳产业政策实践的观察是:"上世纪(20世纪)末,当显像管技术的电视产品已经被新液晶显示技术和产品淘汰的时候,深圳市政府还投入了大量的土地、资金和优惠政策去支持个别企业大规模扩大采用显像管技术的生产线,项目投产之日就是企业关闭之时,付出了沉重的代价。本世纪(21世纪)初,深圳一度把汽车产业作为重要的产业去扶持,由市领导亲自挂帅,引进内地国有汽车企业,划拨了大量的土地,借出了大量财政资金,给予了大量的优惠政策,结果也只是生产了少数样车,以关闭而告终。2005年前后,深圳还提出了适度重型化产业政策,希望依托惠州石化基地发展精细化工,并规划建立化工产业园,幸好由于种种

**独角兽还是羚羊?**
**公司治理视角下的新经济企业**

原因没有搞成,否则必然会给深圳带来巨大损失。"① 由此我们知道,即使是处于我国改革开放最前沿的深圳,产业政策制定不当也带来了社会资源的巨大浪费。可以想见,其他省市在类似产业政策下造成的社会资源浪费可能会更加惊人。

弗里德曼曾有一个十分形象的说法,大致意思是:花自己的钱办自己的事,既讲效率又讲节约;花自己的钱办别人的事,只讲节约不讲效率;花别人的钱办自己的事,只讲效率不讲节约;而花别人的钱办别人的事,则既不讲节约也不讲效率(Friedman,1979)。我们看到,在一定意义和一定程度上,政府产业政策制定成为"花别人的钱办别人的事"的另一个典型。

深圳的产业政策实践由此为我们正确认识政府产业政策的作用,进而合理划定政府"看得见的手"的作用边界带来了积极的思考和启发。它提醒我们,政府应该回归到为企业服务的定位上来,让市场发挥资源配置的基础性作用,而不是越俎代庖。

今年是改革开放四十周年。如果我们现在需要形成某种新的历史决议来总结过去四十年改革开放的经验,那么一项很重要的工作应该是以包括深圳在内的一些省市的产业政策实践为例,来反思政府产业政策和宏观经济干预究竟给当地经济发展和社会进步带来些什么,政府应该如何清晰地定位和确定产业政策制定的边界。这也许是一项真正值得期待的工作!

---

① 张思平. 没有名牌大学的深圳,高科技产业是怎么崛起的?[EB/OL].(2018-10-27)[2019-09-01]. http://finance.ifeng.com/a/20181027/16546499_0.shtml

# 从上市公司购买理财产品看中国资本市场运行效率*

在中国,为数不少的上市公司用从股东那里募集来的资金购买理财产品。上市公司此举的本意是把暂时闲置的资金有效利用起来,我们似乎应该为上市公司资金管理意识的提高"点赞"。然而,上市公司购买理财产品往往给人一种不务正业之感。上市前在招股说明书中描绘的那些"美好蓝图"去哪儿了?如果购买理财产品,股东难道不可以自己购买吗?为什么还要通过上市公司这个中间商让它来"赚差价"?

上市公司购买理财产品这一独特现象为我们从新的视角观察和评价中国资本市场运行效率提供了契机。

第一,上市公司购买理财产品的态势成为中国未来经济走势的某种独特的指示器。

应该说,上市公司购买理财产品并不是最近才发生的事。从2011年开始,"购买理财产品"这一本不该出现在上市公司"行为

---

\* 本文曾以《从上市公司"购买理财产品"看中国资本市场运行效率》为题发表于FT中文网,2018年4月24日;收录于本书时有改动。

手册"中的字眼却频繁地与上市公司联系在一起。而上市公司之所以选择购买理财产品,一方面是因为经济处于下行期,企业面临的经营风险陡然增加,致使原来拟上马的项目不得不暂时搁置,甚至永久取消;另一方面则是因为制造行业面临产能过剩,竞争加剧使得制造业项目的投资回报水平越来越低,一些项目的回报水平甚至低于购买理财产品的回报水平。因而购买理财产品自然成为上市公司面对项目选择困难的理性选择。我们观察到,从2011年到2017年,上市公司购买理财产品无论在参与企业数量上还是在购买规模上都呈直线上升趋势(参见图1)。

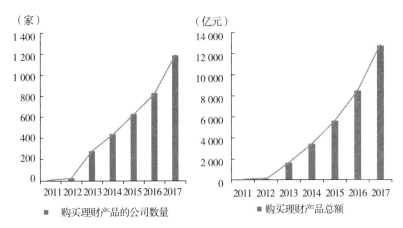

**图1　2011—2017年购买理财产品的上市公司数量及其购买规模**

资料来源:wind数据库。

图1表明,近年来上市公司购买理财产品这一现象不仅没有得到有效遏制,而且大有愈演愈烈之势。我们以2017年为例。2017年全年约有1 186家上市公司购买价值高达1.27万亿元的理财产品。购买理财产品的上市公司数量占到当年全部上市公司数

量的34%。也就是说,平均每三家上市公司中就有一家购买了理财产品。而在出现明显苗头的2013年,仅有12%的上市公司购买了理财产品。截至2018年3月31日,我们观察发现,已有856家上市公司公告购买理财产品,购买理财产品数量达到4 357只,合计购买金额高达3 394.91亿元。

上市公司无论在企业规模和盈利能力方面,还是在生产技术和研发能力方面都是中国优秀企业的代表。上市公司购买理财产品的趋势不是减缓,而是愈演愈烈这一现象在一定程度上表明,中国经济结构的转型还在持续,传统实体经济发展面临空前挑战的局面并没有根本改变。如何提升企业的产品质量、实现产业升级,是包括制造业在内的众多传统产业亟待解决的问题。中国制造业大国的地位未来将面临严峻的考验。

第二,从不同产业对从资本市场募集资金的使用效率来看,同时出现了"有钱不敢花"和"投入过度"两种趋势。

通过2011—2017年上市公司购买理财产品的产业分布状况,我们可以"管窥"资本市场在不同产业的资源配置效率情况。我们观察到,2011—2017年超过半数的购买理财产品的上市公司集中在以下三类产业:第一类是制造业;第二类是"信息传输、软件和信息技术服务业"和"科学研究和技术服务业"等信息科技服务类产业;第三类是"文化、体育和娱乐业"和"教育"等文化教育类产业(参见图2)。

如果说2011—2017年制造业有一半以上的上市公司购买理财产品与近年来制造业产能过剩和国家相关调控政策带来的制造业

## 独角兽还是羚羊?
### 公司治理视角下的新经济企业

"寒冬"有关,是"有钱不敢花"的问题,因而"可以理解"和"应该理解",那么,信息科技服务类和文化教育类产业在国家相关政策的支持下,"投资过度",存在一定程度的发展过热,甚至资金泡沫问题则是不争的事实。上述事实进一步表明,中国资本市场在资源配置上不仅存在总量失效的问题,而且还存在结构失衡的问题。

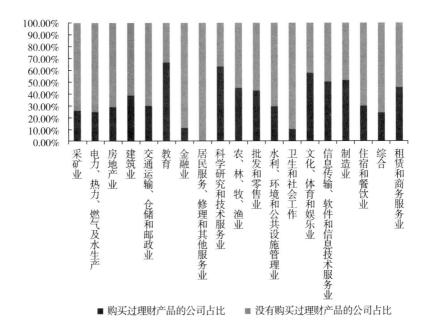

**图2 2011—2017年各产业上市公司购买理财产品的情况**

资料来源:wind数据库。

第三,从不同地区对从资本市场募集资金的使用效率来看,同样存在资金使用效率的结构失衡问题。

从图3揭示的2011—2017年购买理财产品的上市公司的地区分布状况来看,在经济相对落后的西部地区,同样存在较大比例的上市公司通过上市拿到十分稀缺的权益融资后,去购买理财产品的现象,只是购买理财产品的上市公司比例略低于中部和东部地区。在西部地区,即使是作为优秀企业代表的上市公司,尚存在募集到的资金无法有效利用的问题。我们不禁质疑,积极寻求资源支持的西部地区到底"差钱"还是"不差钱"?

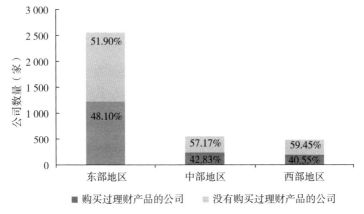

图3 2011—2017年各地区的上市公司购买理财产品的情况

资料来源:wind数据库。

第四,从资本市场资金使用效率的实质来看,关于金融体系"资金空转"的担心并非空穴来风。

虽然限于数据可获得性,图4描述的仅仅是2011—2017年全部银行理财产品的资金投向,但它可以部分反映上市公司所购买理财产品的资金投向。我们观察到,包括上市公司在内的众多投资者购买的这些理财产品大部分投向了基金、债券等金融类产品。甚至有部分银行和信托理财产品反过来再购买上市公司的股票,使资金重新回流到股市。于是,我们在资本市场上观察到一种特

# 独角兽还是羚羊?
## 公司治理视角下的新经济企业

别有趣的"资金空转"现象:从股东募集来的资金用于购买(银行或信托)理财产品,而理财产品又被用来购买上市公司发行的股票。这不仅使看起来风生水起的资本市场的实际资金使用效率大打折扣,不利于资本市场资源配置功能的发挥,而且使经济"脱实向虚",积聚和放大了金融风险,增加了未来系统性金融风险爆发的可能性。

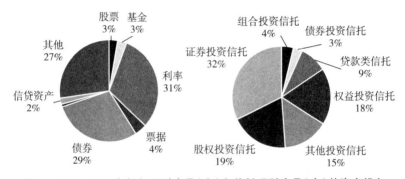

**图4 2011—2017年银行理财产品(左)和信托理财产品(右)的资金投向**

注:由于四舍五入,图中数字的总和可能不等于100%。

资料来源:wind数据库。

第五,上市盈利门槛设置导致的企业融资需求的"逆向选择问题"。

中国现行上市制度对拟上市企业提出了明确的盈利要求。例如,如果在主板上市需要满足"最近3个会计年度净利润均为正数且累计超过人民币3 000万元";而在创业板上市,则需要满足"最近两年连续盈利,最近两年净利润累计不少于一千万元;或者最近一年盈利,最近一年营业收入不少于五千万元"。一方面,上述盈利门槛的设置使一些盈利稳定的企业由于很容易满足上市盈利要求而被允许上市,得到发行股票进行权益融资的权利和机会,但这些企业可能原本并"不差钱"。我们观察到,在2017年新上市的353家企业中,有256家企业购买了理财产品,占比高达73%。另一方面,那些业务模式尚未成熟、缺乏外部资金支持、想上市融资的企业,由于上市盈利门槛的设置,往往不具备上市条件,被生生地挡在资本市场门外。

当前,如何使独角兽回归A股成为中国资本市场理论界和实务界热议的话题。而上市盈利门槛的降低被认为是这次以允许境外上市公司在境内发行CDR为标志掀起的上市制度改革热潮的重要议题之一。让我们感到高兴的是,在2018年3月监管当局出台的《关于开展创新企业境内发行股票或存托凭证试点的若干意见》(以下简称《意见》)中虽然提及"最近一年营业收入不低于30亿元人民币且估值不低于200亿元人民币,或者营业收入快速增长,拥有自主研发、国际领先技术,同行业竞争中处于相对优势地位",但并没有对这些企业上市提出明确的盈利要求。如果说《意见》的出台涉及部分基础性上市制度变革,那就是对尚未在境外上市的创新企业(包括红筹企业和境内注册企业)在A股上市盈利要求的改变。而上市公司购买理财产品现象为监管当局未来围绕盈利门槛设置深化上市制度改革提供了另一类证据支撑。

值得我们注意的是,上市公司购买理财产品愈演愈烈之势对于一个健康的资本市场并非无关宏旨的鲜疥小恙,它从一个侧面反映出目前资本市场运行过程中存在的深层次问题。在经济下行期,一些上市公司面对陡然增加的经营风险在项目投资上变得更

## 独角兽还是羚羊？
公司治理视角下的新经济企业

加审慎。上市公司购买理财产品愈演愈烈之势表明，中国经济结构的转型还在持续，传统实体经济发展面临空前挑战的局面并没有从根本上得到改变。上市公司购买理财产品因而成为中国未来经济走势的某种独特的指示器。制造业的上市公司"有钱不敢花"，而信息科技服务类和文化教育类产业的上市公司"投入过度"，泡沫充斥；在经济相对落后的西部地区，仍然有高比例的公司在通过上市拿到十分稀缺的权益融资后，去购买理财产品。因此，中国资本市场在资源配置上不仅存在总量失效问题，而且还存在产业结构失衡和地区结构失衡问题。

我们同时观察到，对于寻求上市权益融资的企业，上市盈利门槛设置导致的企业融资需求"逆向选择问题"，成为部分上市公司购买理财产品的制度诱因。与此同时，一些公司更是一边购买理财产品，一边配股增发，"资金空转"现象严重。中国资本市场要做到"脱实向虚"，使金融真正为实体经济服务，同时有效防止系统性金融风险的发生，未来还有很长的路要走。

# 从"资本金融"与"货币金融"的差异看资本市场监管者的使命*

货币金融与资本金融究竟有哪些差异呢?对这一问题的回答事实上与资本市场监管者所扮演的角色密切相关。

作为提供融资服务的两种途径,货币金融与资本金融通常被简单区分为间接融资与直接融资。对于两者的差异,我们可以从以下几个方面进行理解:

首先,在提供融资服务的组织形式上,货币金融是由企业(银行)提供,而资本金融是由市场提供,因而二者的区别体现在企业和市场的差异。银行是提供信贷、结算和支付服务的特殊类型的企业,而通过提供证券发行、流通和交易的市场平台,资本市场构成重要的要素市场之一。在资本市场,其资金供给方是各种机构投资者和个人投资者,其资金需求方则为通过注册获准成为公众公司的发行各种证券(债券和股票)的企业。在科斯看来,企业正是由于通过权威命令来配置资源,相比通过价格机制这一"看不

---

\* 本文曾以《谏言证监会新主席:正视货币金融与资本金融差异》为题发表于财经网,2019年2月1日;收录于本书时有改动。

### 独角兽还是羚羊？
公司治理视角下的新经济企业

见的手"来引导配置资源的市场，在一定边界内形成了交易成本的节省。这成为企业在现实经济生活中存在的理由和企业边界确定的依据。货币金融与资本金融之间存在的"企业与市场的差异"决定了对资本金融的监管要遵循市场的逻辑，而不能遵循针对企业采用的通过权威命令配置资源的思路。而一般教科书往往把银行和资本市场描述为一个企业直接或间接获得外部资金支持的两种途径，而把上述最根本的差异——企业和市场的差异——忽略了。

其次，在投资收益上，货币金融获得的是合同收益，而资本金融获得的是所有者权益，因而二者的区别也体现为合同收益和所有者权益的差异。银行和寻求资金的企业通过签订借贷合约确立信贷关系。一方面，银行需要按照合同要求定期向企业发放贷款；另一方面，企业需要在规定的时间向银行偿还本金和利息。企业为了获得银行贷款，除了承诺到期偿还利息和本金，往往还需要向银行提供抵押和担保。其中一方违约，另一方将按照双方签署的借贷合约向法庭申请救济。到期无法偿还本金和利息的企业将面临被银行起诉和破产清算的风险。

与银行贷款通过合约救济平等地保护合约双方的权益不同，购买企业所发行股票的投资者是通过成为所有者(股东)，享有受法律保护的所有者权益而完成法律救济的。容易理解，股东投入企业的资本并不受到类似于上述借贷合约条款中的对资金使用用途和使用期限的限制，并获得相应的法律救济和保护。如果说提供资本的股东和企业之间也存在一种合同关系，则我们看到，与借

# 第二篇
## "独角兽"上市与资本市场制度建设

贷的完全合约相比,他们之间签署的是一种不完全合约。面对"除非董事会做出承诺,否则发放股利不是企业的义务"的不确定状态,鼓励外部投资者投资的唯一承诺是投资者将集体享有受法律保护的所有者权益。作为集体享有所有者权益的所有者,股东一方面以出资额为限对所做出的错误决策承担有限责任,另一方面则在股东大会上以投票表决的方式对"不完全合约"中尚未规定的诸如董事会组织、并购重组和重大战略调整等重要事项进行最后裁决。在经济学中,前者被称为剩余索取权,后者被称为剩余控制权。这事实上就是2016年诺贝尔经济学奖得主哈特教授等人发展的不完全合约理论的核心观点。上述差异决定了同样是投资者,银行作为债权人与股东作为权益所有者,其法律保护和救济的理论和实践是完全不同的。

再次,在实现途径上,货币金融与资本金融的区别表现在前者需要控制风险,而后者需要分担不确定性,因而是风险控制与不确定性分担的差异。作为合同收益者,虽然面临着企业未来无法按期偿还贷款的风险,但银行有条款详尽的完全合约作为法律裁决的依据,甚至还有企业为获得贷款向其提供的抵押和担保,因而其风险水平可以通过基于以往类似情形统计推断形成的先验概率,甚至经过进一步贝叶斯后验修正而获得。美国经济学家奈特曾经对风险(risk)和不确定性(uncertainty)做了区分。简单地说,风险有统计规律可循,而不确定性意味着根本无统计规律可循,甚至事先无法进行规划。因而银行借贷行为所面临的风险在奈特意义上

### 独角兽还是羚羊?
#### 公司治理视角下的新经济企业

是可以管理和控制的。① 而在不完全合约下,企业未来经营出现的不确定性则无法通过简单的概率分布来描述和识别,只能是在集体享有所有者权益的股东之间进行分担。

上述差异决定了在风险控制(或不确定性分担)问题上,货币金融与资本金融遵循着两条完全不同的控制路径。前者凭借强大的风险管理团队和先进的风险管理理念和模型,经过努力是可以将风险控制在合理范围的,而后者则只能通过不确定性的分担以及相应的公司治理制度激励管理团队来为股东创造最大的价值。

最后,在干预经济的理念上,货币金融与资本金融的差异在于前者奉行凯恩斯主义,后者奉行新古典经济学的"守夜人"思想,表现为凯恩斯主义与"守夜人"思想的差异。针对市场存在的垄断、信息不对称、外部性和公共品提供上的"搭便车"等问题,凯恩斯主义强调政府这只"看得见的手"通过货币政策和财政政策等宏观经济政策积极干预经济,纠正市场失灵。除了作为企业,银行本身是以权威命令进行资源配置的理念,我们看到,银行在实际运行中不可避免地受到作为"银行的银行"的央行所奉行的凯恩斯主义的影响,把货币政策和财政政策等宏观经济政策层层传导下去。作为对照,新古典经济学强调市场这只"看不见的手"通过价格机制对资源配置的调节,政府扮演的是只有"火灾"发生时才能派上用场

---

① 参见郑志刚.从明清蒙古聘礼看金融本质[J].中国金融,2018(22):104-105.

# 第二篇
## "独角兽"上市与资本市场制度建设

的"守夜人"角色。以米塞斯和哈耶克为代表的奥地利学派甚至强调,不是由于信息不对称导致市场失灵(进而需要政府干预),而是恰恰由于市场的存在,市场中的信息不对称才大为降低。因而,市场不仅不是导致信息不对称,从而需要政府干预的原因,反而是降低信息不对称的手段。例如,正是由于银行等中介组织的存在,资金需求和供给方的信息不对称大为降低,因而银行成为市场为了缓解信息不对称问题而内生出来的组织形态。作为"守夜人",维护市场秩序、确保买卖双方公平交易成为市场监管者的重要职责所在。

我们看到,由于货币金融与资本金融在上述组织形式、投资收益、实现途径以及干预经济的理念等四个方面差异的客观存在,只有正视这些差异,才能更好地扮演资本市场监管者的角色。

首先,对于资本市场监管者而言,资本市场的公平透明交易比市值高低和牛市、熊市更加重要,严格的退市制度比吸引独角兽企业回归A股更重要。

长期以来,对资本市场监管者的评价往往不恰当地与市值高低和牛市、熊市的出现挂起钩来。我们看到,上述实践与我国金融教学和实践中将货币金融与资本金融二者有意或无意混淆起来,未进行严格区分有关。在一定程度上,今天中国资本市场发展面临的种种困境是上述把资本市场像企业一样进行权威管理和政策干预的实践做法与教育理念所导致的。

从上市公司高管普遍不关心股价、蓝筹股估值偏低等实际问题出发,历史上监管当局曾数次出台政策鼓励上市公司进行市值

## 独角兽还是羚羊?
### 公司治理视角下的新经济企业

管理。并购重组、分红送配、投资者关系管理、信息披露、大股东股份增持、上市公司股份回购、大宗交易、股权激励、员工持股等成为上市公司市值管理的常用工具。上述政策的出台一定程度上扭曲了市场对一些上市公司根据自身状况灵活推出的提升价值举措的原本正确的判断,不仅为一些上市公司以市值管理之名行股价操纵之实制造了借口,而且给上市公司、投资者、监管当局,甚至资本市场的研究者带来了诸多困惑。部分股票涉嫌"以市值管理名义内外勾结,通过上市公司发布选择性信息披露等新型手段操纵股价"等行为,随后成为证监会对涉嫌市场操纵的股票立案调查的重点。①

在我国资本市场2015年经历了千股跌停的"股灾"后三年多的2018年,我国资本市场再次经历了千股跌停的一场"新股灾"。两场"股灾"看似发生的时间,进而所面临的国际国内政治经济环境不同,但其共同之处是政府这只"看得见的手"始终或明或暗地游离于资本市场的上空。2015年,监管当局怀着解决包括互联网企业在内的新经济企业融资难这一问题的初衷,积极推动股价的攀升,以降低新经济企业的融资成本,加上一些媒体的误导,使得不少普通投资者出现了非理性的跟风投资行为。

面对新经济相对于传统经济颠覆式的快速发展,结束部分新经济企业"境内盈利,境外分红"的局面,使所谓的独角兽企业回归

---

① 参见郑志刚.市值管理的"误区"与公司治理的回归[J].证券市场导报,2016(3):1.

# 第二篇
## "独角兽"上市与资本市场制度建设

A股成为2018年年初监管当局的工作重心。而这些新经济企业普遍采用的A、B双重股权结构和VIE构架与我国现有的《公司法》框架并不兼容。围绕上述条款的《公司法》修改显然不是在短期内可以完成的。为了规避《公司法》修改程序的漫长,监管当局推出了一种被称为CDR的金融工具,甚至不惜为被一定程度上证明只是"普通羚羊"的所谓独角兽企业上市和发行CDR开辟绿色通道。这种类似于未承诺回报水平的债券类金融产品的推出被很多媒体和学者解读为"实现了独角兽对A股的回归"[1]。于是中国资本市场到处弥漫着估值高、成长快的独角兽企业这一新的投资元素,使得无数期待分享新经济发展红利的股民本能地预感到一轮新的牛市的来临。当人为营造的丰满理想和实体经济严重下滑的骨感现实相碰撞后,在每一个股民的内心深处都会形成这种虚假的行情不可持续的认识。这事实上是2018年"股灾"爆发的部分原因。[2]

因而,一个合格的资本市场监管者关注的重点应该是交易规则的透明和交易双方的诚实守信,对欺诈交易进行严厉打击,把不合格的交易者坚决地清理出资本市场,而不是去寻求元素刺激股市,人为地制造牛市。

---

[1] 参见郑志刚.CDR:只是刚刚吹响上市制度改革的号角[N].经济观察报.2018-04-13.

[2] 参见郑志刚.我们应该如何反思中国的"金融风暴"?[EB/OL].(2018-08-08)[2019-01-30].http://finance.sina.com.cn/china/gncj/2018-08-08/doc-ihhkuskt9888854.shtml

其次，鼓励企业机会平等地上市，比把资本市场作为政策工具，歧视性地选择上市对象更加重要。

2018年年底出台的《关于学前教育深化改革规范发展的若干意见》从遏制过度逐利行为的良好愿望出发，提出民办幼儿园一律不准单独或作为一部分资产打包上市，同时上市公司不得通过股票市场融资投资营利性幼儿园，不得通过发行股份或支付现金等方式购买营利性幼儿园资产。我们看到，上述政策一定程度上依然是银行权威管理和资源配置的思维定势的反映和延续。理论上，只要供需双方产品和资金真实合法，交易规则透明公正，没有人，也不应该有人阻止双方基于"自由意愿"的交易，因为交换分别给双方带来生产者剩余和消费者剩余，从而带来福利的增加（福利经济学第一定理）。对于"股市有风险，入市需谨慎"的资本市场，政府既不能对股民投资血本无归负责，也不应该仅仅因为可能"过度逐利"而限制企业上市。事实上，上交所试点科创板注册制的一个重要目的正是把是否上市的判断权更多地交给市场，而不是部分监管者。

当然，作为资本市场公平公正的监管者，我们不能通过推出歧视性政策阻止一些企业上市，同时也不能将上市政策向部分企业或产业倾斜，使资本市场沦为政策工具。弗里德曼曾经讲过，"企业最大的社会责任就是创造利润"。将社会责任与上市倾斜政策联系起来同样与资本市场监管者应扮演的公平公正角色相悖。资本市场一旦沦为政策工具，损害的就不仅是那些被限制上市或扶植上市的企业或行业，还有资本市场以及监管当局的声誉。

## 第二篇
"独角兽"上市与资本市场制度建设

其实,只要准确清晰地把握资本金融的特点,将资本市场定位在为证券的发行、流通和交易提供一个公平、公正、平等、透明的平台,秉持立场中立和利益中性的原则,就可以扮演好资本市场监管者的角色。让我们在此祝愿中国的资本市场走向成熟稳健和繁荣发达。

# 第三篇
## "独角兽"的公司治理实践

本篇首先以美国新经济企业发展的代表特斯拉为例,讨论了业务模式创新加剧的信息不对称与"同股同权"构架下以股东为中心的公司治理制度二者之间的内在冲突,以及特斯拉在"同股同权"构架下如何进行公司治理制度变革以缓解上述内在冲突。

本篇进一步以中国新经济企业发展的代表阿里巴巴集团为例,讨论了其如何通过合伙人制度变相完成了"同股不同权"股票的发行,实现了从短期雇佣合约向长期合伙合约的转变,并从历史的维度解读了上述公司治理实践所包含的内在商业逻辑以及对企业传承可能带来的影响。

无论华为、永辉超市的轮值董事长制度,还是顺丰创始人王伟等不再担任法定代表人,都是在业已构建稳定和成熟的公司治理制度和文化基础上的提升治理效率的举措。其中,董事长轮值制度有利于营造全体董事民主协商的氛围和治理文化,防范固定董事长职位通常导致的"一言堂"局面进而内部人控制问题的出现。但上述制度并不适合仍然处于初创阶段的独角兽企业。

# 特斯拉私有化背后：上市公司创始人怎么保障公司控制权？*

退市，甚至选择压根不上市，原本是企业在借助资本市场实现的外部融资收益与成为公众公司的公司治理制度成本之间权衡的结果，是资本市场上再正常不过的行为，但为什么正在积极酝酿退市的特斯拉（Tesla）引起了公众和媒体新的关注？除了作为明星企业的特斯拉和作为明星企业家的联合创始人马斯克引起的关注，事实上特斯拉的退市重新提出了一个高科技企业应如何进行公司治理制度安排的问题。

特斯拉是美国一家产销电动车、太阳能板及储能设备的高科技公司，总部位于美国加利福尼亚州硅谷帕洛阿尔托（Palo Alto）。于 2010 年 6 月 29 日在纳斯达克上市的特斯拉毫无疑问曾经，甚至现在依然是资本市场的受益者。在《纽约时报》曝光亿万富翁马斯克破产传闻的同时，IPO 成功的特斯拉获得资本市场投资者雪中送炭般的两亿美元的"真金白银"。从 2011 年到 2017 年，特斯拉一

---

\* 本文曾以《特斯拉私有化背后：上市公司创始人怎么保障公司控制权？》为题发表于腾讯财经，2018 年 8 月 17 日；收录于本书时有改动。

## 独角兽还是羚羊？
### 公司治理视角下的新经济企业

共进行过数十轮的股权和可转债融资,总金额接近 90 亿美元。而与 90 亿美元的融资额所对应的,是特斯拉上市以来超过 65 亿美元的累积亏损额。

虽然特斯拉过去是资本市场的受益者,但至少在形式上,以下四方面构成其目前考虑退市的现实理由。

第一,资本总是短视的,它们期望特斯拉能够在最短时间内改变经营模式从而达到盈利的目的。马斯克在给员工的公开信里曾提到,"达到短期目标和市场预期给特斯拉带来了巨大的压力,迫使公司做出一些从长远来看未必正确的决策"。2014 年,丰田和奔驰先后抛售其所持有的特斯拉股票,原因是特斯拉公然宣布要免费公开所有专利技术,而这显然违反了丰田和奔驰这两家跨国汽车巨头通过投资分享专利技术的最初投资动机。2017 年,在特斯拉亏损低于华尔街预期、营业收入高于华尔街预期的情况下,相同的一幕再次上演。两大主力投资机构 Fidelity Investments 和 T. Rowe Price 大规模减持手中近一半的特斯拉股票。特斯拉的规模持续扩大,但是长期亏损,这让包括 Fidelity Investments 和 T. Rowe Price 在内的机构投资者认为,特斯拉的估值可能过高。作为对照,传统汽车制造商福特的估值虽然低于特斯拉,但其营业收入是特斯拉的 22 倍。更何况,福特是能够盈利的。

第二,令人挠头的投资者关系管理。虽然特斯拉成功地用硅谷理念给传统汽车企业讲述了一个传奇故事,但在务实的投资者关系管理中,按照相关媒体的描述,"从打断提问到拒绝回答问题,再到自说自话地和 YouTube 上的散户互动半小时,马斯克的表现让参会的分析师啼笑皆非"。马斯克不止一次提到"股价的大幅波动让我们没法专心工作",甚至说"总有刁民想害朕,总有空头要搞垮特斯拉"。

第三,未来如何兑现为马斯克量身定做的薪酬激励合约? 2018年3月,特斯拉的股东大会通过了一份被媒体称为"史诗级"的期权奖励方案。按照这一方案,如果马斯克在十年内带领特斯拉走向6 000亿美元的市值,将可以获得最高2 000万股的特斯拉股票期权。自2010年特斯拉股票以17美元/股的价格开盘以来,到如今突破370美元/股的价格,累计涨幅已经超过了20倍。理论上,届时这部分期权的价值将超过700亿美元。与此同时,马斯克将不再从公司获得任何形式的工资、奖金以及其他收入。然而,这份"史诗级"的期权奖励方案面临的问题是,尽管特斯拉曾经创造8年20倍的绩优股记录,但特斯拉毕竟至今还没有扭亏为赢,未来的资本市场充满了诸多的不确定性。

第四,现在特斯拉之所以急着要私有化,很可能与马斯克已经闻到了"野蛮人入侵"危险的气味—— 一些股东和投资方正在寻求把他踢出特斯拉,使当年苹果公司乔布斯的悲剧重演——有关。联合创始人马斯克本人仅持有特斯拉23%的股份,因而,他必须寻找靠得住的新资方。发起私有化要约可以看作马斯克"先发制人"的举措。

综上所述,我们看到,特斯拉一方面面对的是"一股一票"制及短期雇佣合约下,短视资本的逐利倾向等引发的现实公司治理制度成本居高不下;另一方面,则是成功地用硅谷理念给传统汽车企

## 独角兽还是羚羊？
### 公司治理视角下的新经济企业

业讲述了一个传奇故事,使得投资者根本无法把握未来业务模式的发展方向。选择退市一定程度上是特斯拉业务模式创新日新月异与传统"一股一票"公司治理制度安排的内在冲突导致的。容易理解,"颠覆汽车业传统商业模式"的特斯拉本质上并不是传统的汽车制造商,而是一个高科技企业,但十分遗憾的是其在上市时却选择了传统汽车产业流行的"一股一票"模式。联合创始人马斯克本人仅持股23%,FMR金融服务集团和哥伦比亚投资管理投资顾问等机构投资者持有39%的股份,其余股份分散在小的投资者手中。

最近十多年来,美国的谷歌、脸书,中国的腾讯、百度和阿里等越来越多的高科技企业选择发行具有不平等投票权的双重股权结构股票来实现创业团队对公司实际控制的目的。双重股权结构股票在经历了近百年的"不平等"指责后重新获得理论界与实务界的认同。我们以通过推出合伙人制度变相地形成不平等投票权的阿里为例。合伙人制度通过对未来剩余分配具有实质影响的特殊的控制权安排,把马云创业团队与大股东之间的雇佣与被雇佣关系转变为风险共担的合伙人关系;长期合伙合约对短期雇佣合约的替代,一方面使得外部投资者可以放心地把自己无法把握的业务模式、相关决策交给具有信息优势同时值得信赖的马云创业团队,另一方面则鼓励了创业团队在充满不确定性的业务发展模式中积极进行人力资本投资;与此同时,长期合伙合约下的马云创业团队成为阿里事实上的"不变的董事长"或"董事会中的董事会",实现了"管理团队事前组建"和"公司治理机制前置"。前者通过优秀人才的储备和管理团队磨合成本的减少,后者通过雇员持股计划的

# 第三篇
## "独角兽"的公司治理实践

推出和共同认同的企业文化的培育,共同使阿里的管理效率得到极大提升,进而实现了公司治理制度成本的进一步节省。在一定意义上,阿里主要股东软银和雅虎愿意放弃对"同股同权"原则和传统股东主导的控制权安排模式的坚持,事实上是向具有"业务模式发展引领者"的良好声誉和拥有以"与员工、供货商、银行和政府建立长期稳定关系"为特征的巨大社会资本,同时通过"管理团队事前组建"和"公司治理机制前置"极大提升管理效率的马云创业团队——阿里合伙人团队支付溢价。

与阿里的合伙人制度类似,腾讯等企业同时发行A、B股形成的不平等投票权一方面使持有B类股票的创业团队专注于业务模式创新,另一方面使持有A类股票的分散股东避免对自己并不擅长的业务模式指手画脚,仅仅着力于风险分担,最终在两类股东之间实现投资回报的"平等"。从实质看,它是对股东作为公司治理权威享有的所有者权益的事实尊重,只不过以看起来"不平等"("同股不同权")的方式实现了股东收益最大化所带来的更加"平等"。

我们看到,此次特斯拉酝酿退市再次向高科技企业的公司治理制度安排提出新的警示。不同于传统产业"一股一票"股权结构下的公司治理制度安排,日新月异的业务模式创新迫切需要高科技企业寻找一种新的控制权安排模式来保障创业团队的人力资本投资激励,以降低公司治理相关制度成本。而同时发行A、B股形成的不平等投票权构架成为高科技企业解决上述内在冲突的可行控制权安排模式之一。在上述意义上,未来不排除退市后的特斯拉以发行投票权不平等的A、B股重新上市的可能性。

# 从特斯拉看"一股一票"制下如何防范"野蛮人入侵"*

特斯拉近期可谓"丑闻不断"。除了马斯克突发奇想的特斯拉私有化计划流产外,还有涉嫌不实信息公告的马斯克本人和特斯拉受到美国证监会的处罚。不少媒体分析,马斯克考虑特斯拉的退市,与担心"一股一票"制下其并不高的持股比例(马斯克本人只持有 23% 的特斯拉股份)无法抵御"野蛮人入侵",从而重蹈乔布斯早年被资方"炒鱿鱼"的覆辙有关。事实上,在特斯拉 2018 年度的股东大会上,部分股东一度提议让马斯克辞去已任职 14 年的董事会主席一职,只担任 CEO,董事会主席的职位由独立董事出任。但这一提案后来遭到否决。随着马斯克近期在特斯拉官网发文称"保持上市对特斯拉来说是一条更好的道路"和美国证监会处罚结果的公布,特斯拉私有化的"乌龙"告一段落。

我们知道,对于防范"野蛮人入侵",一种简单有效的公司治理制度安排就是发行具有不平等投票权的 A、B 双重股权结构股票。

---

\* 本文曾以《从特斯拉看"一股一票"制下如何防范"野蛮人入侵"》为题发表于 FT 中文网,2018 年 11 月 8 日;收录于本书时有改动。

# 第三篇
## "独角兽"的公司治理实践

这是双重股权结构股票在发展上百年后重新获得学术界和实务界认同的重要原因。谷歌、脸书、百度、京东等很多高科技企业和新经济企业都采用这样的公司治理制度安排。我们的问题是,既然特斯拉并未发行双重股权结构股票,那么,在"一股一票"的传统公司治理构架下,马斯克将如何做到"非常高兴继续领导特斯拉成为一家上市公司"呢?

当然,"大嘴巴"的马斯克是否适合担任需要严格履行信息披露义务的公众公司的董事长是一回事,特斯拉在美国成熟的资本市场环境下是否业已形成有利于防范"野蛮人入侵"的公司治理制度安排是另一回事。事实上,马斯克从最初试图通过私有化一劳永逸地解决"野蛮人入侵"的威胁,到目前轻松做出"保持上市"的决定,与特斯拉本身具备一定的防范"野蛮人入侵"作用的公司治理制度安排分不开。而这对于资本市场进入分散股权时代的中国企业具有特别重要的借鉴意义。以2015年万科股权之争为标志,我国上市公司平均第一大股东持股比例低于体现相对控制权的33.3%,中国资本市场进入分散股权时代,"野蛮人入侵"和控制权纷争由此成为常态。那么,特斯拉的哪些公司治理制度安排可以向正在思考如何防范"野蛮人入侵"的中国企业提供借鉴呢?

首先是任期交错的分类董事会制度。特斯拉把董事会全体成员分为三类。每一类董事的任期为三年,任期交错。例如,包括马斯克在内的一类董事的任期从2017年开始,到2020年股东大会召开结束;包括首席独立董事 Antonio J. Gracias 和马斯克弟弟 Kimbal Musk 在内的二类董事的任期从2018年开始,到2021年换届完成

**独角兽还是羚羊？**
公司治理视角下的新经济企业

结束；而包括 Brad Buss 在内的三类董事则将于2019年进行换届选举。任期交错的分类董事会意味着完成全部董事会的重组，实现全面接管至少需要三年的时间。这是接管商在发起接管前不得不考虑的制度和时间成本，分类董事会制度由此可以起到延迟或阻止公司控制权转移的作用。事实上，任期交错的分类董事会制度在防范"野蛮人入侵"上的重要性已经引起我国一些上市公司的重视。我们注意到，在2015年万科股权之争之后掀起的新一轮公司章程修改热潮中，我国很多公司推出了任期交错的分类董事会制度。

除了延迟或阻止公司控制权转移的节奏，我们的研究还表明，任期交错的分类董事会制度将有助于董事会实现平稳运行，更好地履行独立董事的监督职能。每次仅仅更换部分董事无疑避免了董事全部是新人需要花时间重新熟悉了解公司的尴尬和相应的成本；老的董事的存在有助于相关公司政策的延续，从而使公司政策保持稳定。

向不合理的董事会议案出具否定意见被公司治理研究认为是独立董事履行监督职能的重要体现。我国资本市场规定独立董事的任期不能超过两届。为了获得第二届连任的提名，我们观察到，独立董事较少在第一任期出具否定意见，以免换届选举时被具有影响力的大股东逆淘汰。而在即将结束全部任期的第二任期内，声誉和违规处罚的担心将战胜连任的动机，独立董事此时出具否定意见的可能性更大。这与所谓"人之将死，其言也善"的道理相同。试想，如果在我国资本市场普遍推行任期交错的分类董事会

# 第三篇
"独角兽"的公司治理实践

制度,在每一阶段都存在处于不同任期阶段的独立董事,独立董事从整体上将更加稳定和流畅地履行监督职能。基于上述三方面的理由,我们建议,在我国上市公司中应逐步推行任期交错的分类董事会制度。

值得一提的是,包括特斯拉在内的美国公众公司对独立董事的任期没有明确的限制。除非死亡、辞职或撤职,每位独立董事的任期可以不受年限限制地持续到他的继任者出现为止。例如,Antonio J. Gracias 和 Brad Buss 从特斯拉成立时即出任独立董事,如今依然担任,任期已达 15 年。

其次是首席独立董事制度。自 2010 年上市之初特斯拉即开始设立首席独立董事制度,目前的首席独立董事是 Antonio J. Gracias。自从特斯拉 2010 年上市以来,董事长马斯克一直兼任公司的 CEO,而马斯克自 2004 年起担任董事会主席已逾 14 年,同时现任董事 Kimbal Musk 是董事长兼 CEO 马斯克的弟弟。由此可以看出,一个公司治理制度设计成熟的公司特别需要独立的第三方来制衡管理层,履行监督管理层和协调股东与管理层利益的职能,以此减少因董事长兼任 CEO 职位而可能产生的潜在冲突。

这一制度安排对于进入分散股权时代,未来控制权纷争常态化的我国资本市场具有特殊的含义。理论上,信息更加对称、身份相对独立和利益趋于中性的独立董事可以在管理层与野蛮人的控制权纷争中扮演重要的居中调节角色。例如,当出现控制权纷争时,独立董事居中协调,并最终通过股东大会表决,向在位企业家推出"金降落伞"计划,使其主动放弃反并购抵抗;独立董事主导的

## 独角兽还是羚羊？
公司治理视角下的新经济企业

董事会提名委员会在听取在位企业家和新入主股东意见的基础上,遴选和聘任新的经营管理团队,避免控制权转移给公司发展带来的危机和阵痛,使公司能够持续稳定发展。

最后是公司章程中的"反收购条款"及相关规定。在特斯拉的公司章程中,很多条款的设计和规定事实上是针对反收购的,并成为我国上市公司可资借鉴的防范"野蛮人入侵"的基本公司治理制度安排。例如,特斯拉的公司章程中规定了股东提案和提名候选人的提前通知要求。这些规定可能延缓或阻止潜在的收购方进行代理人招揽,以选择收购方自己的董事或以其他方式获得公司的控制权;特斯拉的公司章程中关于修改和重述公司章程须经至少三分之二以上有表决权的股东批准的规定同样增加了接管的难度和成本。

需要指出的是,特斯拉的公司章程中所规定的一些"反收购条款"看上去并非没有争议。例如,特斯拉的公司章程中规定,"限制股东按照书面方式行事和召集特别会议的权力"。特别股东会议只能由董事会主席、CEO或董事会召集,股东不得召集特别会议。股东同时没有累积投票权。由于缺乏累积投票权,持股比例有限的股东很难获得董事会席位,从而难以影响董事会对收购的相关决定。在我们看来,这些规定在看似有助于防范"野蛮人入侵"的同时,也在一定程度上不利于保护中小股东权益。一个合理的公司治理制度安排应当在保障股东权益和鼓励创业团队进行人力资本投资之间进行平衡,而不是顾此失彼。

在考察特斯拉的公司治理制度安排时,我们特别注意到两项值得我国上市公司借鉴的举措。

# 第三篇
## "独角兽"的公司治理实践

其一,股东对高管薪酬的非约束性投票。由于高管薪酬制定的高度复杂性和专业性,高管薪酬往往由具有专业知识背景的董事会或者董事会中更为专业的薪酬委员会制定。但在实践中,由于薪酬委员会成员中独立董事的提名和面试无法绕过CEO,CEO的权力等制度因素和相互奉承讨好,甚至任人唯亲的董事会文化因素,以及两种因素的结合使得高管薪酬的制定演变为高管和董事之间互相制定高薪酬,甚至由高管为自己变相制定薪酬,从而不可避免地出现公司治理实践中的所谓"超额薪酬"现象。

特斯拉规定,股东能够对高管的薪酬进行"建设性投票",这与我们关于我国上市公司围绕经理人超额薪酬问题开展上市公司自查的建议不谋而合。所谓建设性投票,指的是公司的股东有机会就高管的整体薪酬发表意见,但此投票并非针对任何特定的薪酬项目或任何特定高管,而是针对高管的总体薪酬以及相关薪酬制定的理念、政策和做法。换句话说,股东围绕高管薪酬的投票是建议性的,对公司董事会及其薪酬委员会没有约束力。上述做法由此一方面可以避免由于高管薪酬制定的复杂性和专业性而出现的外行对内行简单粗暴干涉的现象发生,另一方面可以通过股东的投票,向董事会传递有关高管薪酬理念、政策和实践的投资者情绪的信息,供薪酬委员会在制定当前财政年度剩余时间的高管薪酬政策时参考,从而有助于经理人"超额薪酬"问题的抑制和缓解。

与特斯拉采用上述方式解决超额薪酬问题相对照,我国资本市场则采取"一刀切"的限薪方式解决一段时期以来我国同样存在的高管超额薪酬问题。面对实施后一些国有上市公司人才流失和

**独角兽还是羚羊?**
公司治理视角下的新经济企业

高管"惰政、庸政、懒政"的现象,相关公司近期不得不相继重启市场导向的经理人薪酬改革。①

其二,特斯拉于 2015 年启动了一项扩大投资者参与度的计划,以确保特斯拉董事会和管理层了解公司股东最为关注的问题。通过该计划,特斯拉收到了一些有关股东权益保护事宜的有针对性的意见。特斯拉力求通过不断完善相关政策、程序和实践来优化公司治理。例如,为了使管理层与股东的利益保持一致,特斯拉规定每位董事应持续持有价值不少于董事年度基本薪酬 5 倍的特斯拉股票,而 CEO 马斯克本人则应持续持有价值不少于其年度基本薪酬 6 倍的特斯拉股票。特斯拉还就期权奖励的最低授予期和最短持有期进行规定,甚至针对管理层年度奖励支付和长期奖励支付制定了必要的收回政策和条件。特斯拉董事会有权从管理层那里收回该高管在特定期间根据重述的财务业绩多支付的那部分奖金。

我们看到,正是特斯拉做出的上述一系列公司治理制度安排,使外部投资者与马斯克的利益变得尽可能地协调一致。尽管马斯克的持股比例不高,但并没有给"野蛮人入侵"带来太多的可乘之机,由此才使得他"非常高兴继续领导特斯拉成为一家上市公司"。当然,这里再次说明,"大嘴巴"的马斯克是否适合担任需要严格履行信息披露义务的公众公司的董事长是一回事,特斯拉在美国成熟的资本市场环境下是否业已形成有利于防范"野蛮人入侵"的公司治理制度安排是另一回事。

---

① 参见郑志刚."此一时,彼一时"的国企高管薪酬改革[M].//郑志刚.当野蛮人遭遇内部人:中国公司治理现实困境.北京:北京大学出版社,2018.

# 阿里合伙人制度的历史痕迹：晋商大盛魁的"万金账制度"*

无论是几百年前大盛魁的"万金账"还是如今阿里的合伙人制度，遵循的逻辑显然不是"股权至上"，而是"长期合伙"。

即使级别再高的CEO，在股东面前也依然是"打工仔"（所谓的"高级打工仔"），这一观点长期以来似乎并未受到太多挑战。特别是在2016年诺贝尔经济学奖得主哈特（Hart）教授提出现代产权理论之后，这一观点更是变得天经地义。

按照哈特的理论，为了鼓励股东在合同（不完全合约）并不能清楚刻画未来事项的情况下出资，应该让股东成为公司治理的权威，主导公司经营管理决策。股东一方面可以通过股东大会对合约未规定的重要事项以集体表决的方式进行最后裁决，另一方面可以对由股东本人（集体）做出的错误决定（以出资额为限）承担相应的（有限）责任。哈特的理论由此为人们对股东和经理人的雇佣与被雇佣的关系认知提供了理论解释。

---

\* 本文曾以《阿里现代合伙人制度的历史痕迹：晋商大盛魁的"万金账制度"》为题发表于FT中文网，2018年7月2日；收录于本书时有改动。

**独角兽还是羚羊？**
**公司治理视角下的新经济企业**

然而，由股东还是经理人成为公司治理权威、主导公司经营管理决策这一看似不是问题的问题其实从来都是一个问题。无论是在古代还是在现代，都不乏挑战股东作为公司治理权威的案例。

现代的一个例子是来自合伙人制度下的阿里和双重股权结构下的京东。与哈特理论的预期不一致的是，合伙人制度下阿里的大股东软银和雅虎以及京东发行的 A 类股票的持有人愿意部分放弃，甚至全部放弃控制权。① 更让人惊奇的是，京东和阿里的这些股东们在部分，甚至全部放弃控制权的情况下，不仅没有像哈特理论所预期的那样由于合约不完全而遭遇经理人事后的"敲竹杠"，反而从长期合作共赢中赚得钵满盆满。

而古代的一个例子则来自旅蒙晋商"大盛魁"所推行的"万金账"制度。在清朝康熙年间，由早年"走西口"、做旅蒙贸易的王相卿、张杰和史大学三人所创的商号大盛魁，据说在鼎盛时红利加本金可以"用五十两一锭的银元宝从库伦（今蒙古乌兰巴托）铺到北京"。以"放印票账"出名的大盛魁曾经使"蒙古的王公贵族及牧民大多都是它的债务人"。

被后世誉为"晋商第一商号"的大盛魁，除了在激励雇员方面采用了当时晋商普遍采用的、今天被称为雇员持股计划的银股（财股）身股制度，还在实践中摸索出来一项重要的控制权安排制度创新——"万金账"制度。从早期"东家出银股（财股），掌柜的占身

---

① 持股比例分别为 31% 和 15% 的软银和雅虎放弃了在阿里董事会组织中委派董事的权利，软银仅仅委派了 1 名没有投票权的观察员。京东发行的 B 类股票每股有 20 票表决权，而 A 类股票每股只有 1 票表决权。

# 第三篇
## "独角兽"的公司治理实践

股"的控制权安排出发,在秦钺担任大盛魁掌柜的时代,他经过与长期脱离经营管理事务的王、张、史三家后人的斗争,把商号的性质改变为类似于今天东家和掌柜合伙经营的局面。按照双方达成的协议,王、张、史三家获得"永远身股",其中历史上贡献最大的王家为一股五厘,其余张、史两家各一股。每三年一个账期,每股红利为银一万两。其余三十对股(被称为"人力股")则由掌柜和重要伙计(所谓的"伙友")分享。为了表示对王、张、史三家创业者的尊重,伙友所获得的人力股按照规定不得超过王、张、史三家的股数,最高只能拿九厘九毫,而且在伙友退休两个账期后终止。通过从以往的银股(财股)到"永远身股"的转化,原来作为东家的王、张、史三家从承担无限连带责任转为只承担相对有限的责任,而包括掌柜和重要伙计在内的伙友所承担的连带责任则相应增加。

我之所以把上述控制权安排称为"万金账"制度,是因为上述控制权安排事实上形成了"不属于任何人,谁都不能分"的"万金账",由此确立了大盛魁的东家和掌柜合伙经营,但由掌柜全权负责,主导经营管理决策的治理构架。为了维护"万金账""不属于任何人,谁都不能分"这一核心制度,大盛魁进行了精心的制度设计。例如,在大盛魁,并不是每个人都可以查看"万金账"。只有得到象征高级身份的"已"字落款的掌柜和重要伙计才具有查看"万金账"的资格。

大盛魁的上述制度安排让我们自然地联想到阿里变相实现"同股不同权"的合伙人制度。合伙人制度的核心同样是建立了

## 独角兽还是羚羊？
### 公司治理视角下的新经济企业

属于合伙人集体的"不属于任何人，谁都不能分"的"万金账"，并由此成为主要合伙人长期合伙的制度基础；而大盛魁对查看"万金账"的限制则类似于阿里合伙人制度对主要合伙人权利和义务的相应规定。正是由于看到大盛魁的"万金账"制度与阿里合伙人制度的上述类似性，我倾向于把大盛魁的"万金账"制度视为现代阿里合伙人制度的雏形。

我们看到，无论是几百年前大盛魁的"万金账"制度还是如今阿里的合伙人制度，它们共同遵循的逻辑显然不是哈特强调的"股权至上"，而是"长期合伙"。一方面，王、张、史三家（阿里的主要股东软银和雅虎）通过放弃哈特意义上的控制权，退化为普通的"伙友"（合伙人），将自己并不熟悉的经营管理决策权交给专业的掌柜（创业团队），自己专注于风险分担，由此实现了资本社会化和经理人职业化的专业化深度分工，提升了经营管理效率；另一方面，通过"万金账"（合伙人制度），大盛魁（阿里）将东家（阿里的主要股东软银和雅虎）和掌柜（阿里合伙人）的利益紧紧捆绑在一起。从此，东家不再是简单的东家，掌柜也不再是简单的掌柜，而是成为合伙人，由此实现了两者从以往"短期雇佣合约"向"长期合伙合约"的转化，为未来长期的合作共赢奠定了基础。我把上述思想称为"长期合伙"理论，以区别于哈特强调"股权至上"的现代产权理论。

从大盛魁和阿里的例子我们看到，控制权怎么安排才能更加有效其实不仅是一个理论上可以探讨的问题，而且是一个需要在实践中不断摸索的问题。例如，大盛魁在发展历史上曾推出今天

## 第三篇
"独角兽"的公司治理实践

看起来十分荒谬的"财神股"。为了感谢在三位创办人穷途末路时慷慨解囊、为他们留下创业本金的喇嘛,他们为喇嘛设立了"财神股"。当然,不管控制权安排是由东家主导,还是由东家和掌柜合伙经营,在理论探讨和实践摸索中,如何更有利于经营管理效率提升这一基本原则始终没有改变。

# 阿里合伙人制度与马云的传承[*]

在阿里对中国人衣、食、住、行等方方面面影响无处不在的今天,马云的"退休"就像阿里的任何重大活动一样,引起了人们的普遍关注。企业传承无疑是困扰工商管理理论界和实践界的世界性难题,而像阿里这样的优秀企业的传承更是世界性难题中的难题。如果说阿里的这次传承和以往无数的企业传承有什么不同之处,那就是阿里从2009年开始建立的独一无二的合伙人制度将成为阿里文化传承和持续发展的支撑。这次马云的退休也为我们观察合伙人制度在企业传承中扮演的独特角色提供了契机。

说起合伙人制度,很多人把它与一些房地产企业普遍采用的基于项目跟投、"盈亏分担"的事业合伙人制度联系在一起。事业合伙人制度是公司上市后(事后)由部分高管和员工发起的"自组织"持股和投融资平台。由于缺乏公司章程的背书和股东的认同,具有道德风险倾向的事业合伙人制度有时被认为是公司管理层加强"内部人控制"的手段。

阿里的合伙人制度创立于2009年,因公司初创于湖畔花园,

---

[*] 本文曾以《阿里合伙人制度与马云的传承》为题发表于FT中文网,2018年9月11日;收录于本书时有改动。

# 第三篇
## "独角兽"的公司治理实践

故该制度又被称为"湖畔花园合伙人制度"。阿里合伙人制度设立的初衷是改变以往股东和管理团队之间的简单雇佣模式,打破传统管理模式的等级制度。用阿里巴巴集团前执行副主席蔡崇信的话说:"我们最终设定的机制,就是用合伙人取代创始人。道理非常简单:一群志同道合的合伙人,比一两个创始人更有可能把优秀的文化持久地传承、发扬。"因此,必须在阿里工作五年以上,具备优秀的领导能力,高度认同公司文化,并且对公司发展有积极性贡献,愿意为公司文化和使命传承竭尽全力等,成为阿里合伙人需要具备的条件。合伙人每年通过提名程序向合伙委员会提名新合伙人候选人。在被提名为阿里合伙人之后,先要通过为期一年的考察期,然后进行合伙人投票,得票数不得低于75%。按照马云的说法,合伙人既是公司的运营者、业务的建设者、文化的传承者,同时又是股东,因而最有可能坚持公司的使命和长期利益,为客户、员工和股东创造长期价值。

与事业合伙人制度不同,阿里的合伙人制度首先是上市前(事前)获得公司章程背书和股东认同的对未来公司控制权做出安排的基本公司治理制度。从阿里上市时的股权结构来看,第一大股东软银和第二大股东雅虎分别持有阿里31.8%和15.3%的股份。阿里合伙人共同持有13%的股份,其中马云本人仅持股7.6%。然而,阿里董事会的组织并非我们预期的"一股独大"下大股东软银的大包大揽。根据阿里公司章程的规定,以马云为首的合伙人有权任命董事会的大多数成员。这意味着在主要股东的支持下,阿里合伙人上市前即获得了委派人数比例超过持股比例的董事的所谓"超级控制权",形成了事实上的不平等投票权。这同样是阿里当年申请在香港上市时,被认为违反"同股同权"原则遭拒而不得不远赴美国上市的原因。换句话说,阿里通过推出合伙人制度变相实现了"同股不同权"。

阿里合伙人制度由此具有类似发行双重股权结构股票的公司治理功能。例如,它可以使合伙人专注于业务模式创新,使软银、雅虎等股东专注于风险分担,二者之间的专业化分工程度加深,管理效率提升;它向投资者展示了持有超级控制权的合伙人对公司业务模式的自信,成为投资者在资本市场中识别阿里独特业务模式和投资对象的信号;它可以有效防范"野蛮人入侵",实现从"短期雇佣合约"向"长期合伙合约"的转化等等。"同股不同权"的合伙人制度看似存在投票权的"不平等",却更好地实现了对投资者权益的"平等"保护,从长期看给投资者带来了更多的回报。阿里2014年上市时的市值为1 700亿美元,如今的市值已超过4 000亿美元。

除了具有类似发行双重股权结构股票的公司治理功能,在理论上,合伙人制度与双重股权结构股票相比,更有助于一个企业的自然传承。这是需要在未来围绕马云的退休和阿里的传承做出进一步观察的。

其一,合伙人事实上成为公司中"不变的董事长"或者说"董事会中的董事会",形成了"铁打的经理人,流水的股东"格局,实现了"管理团队事前组建"。阿里的大部分执行董事和几乎全部重要高管都由阿里合伙人团队成员出任。合伙人团队不仅事前形成阿里

第三篇
"独角兽"的公司治理实践

上市时管理团队的基本构架,以此避免以往团队组建过程中因磨合而带来的各种隐性和显性成本,同时成为阿里未来管理团队稳定的人才储备库。我们看到,马云的接班人张勇、彭蕾的接班人井贤栋,都在合伙人团队中产生。阿里合伙人中,除了马云、蔡崇信两位永久合伙人,其他都要经过提名、考察和投票程序选出来。2013年,马云卸任阿里巴巴集团CEO,从那时起到现在,阿里巴巴已经历多次管理团队交接:2013年陆兆禧接任集团CEO,2015年张勇接任集团CEO,集团"70后"全面掌权;2016年井贤栋接任蚂蚁金服CEO并在一年半后接任董事长。不仅是阿里巴巴集团和蚂蚁金服,阿里云、菜鸟等阿里体系的重要板块也都完成了至少一次的管理团队交接。我们看到,在阿里合伙人制度下,管理团队交接是常态。外界也能够清晰地感知到,阿里的战略从未因人事变动而发生变化,而阿里的增长势头也始终强劲。正是在上述意义上,我们看到,马云最近表示退休"是深思熟虑,认真准备了十年的计划"并非虚言。

其二,通过"事前组建"的管理团队,合伙人制度也同时实现了公司治理机制的前置。对于一个现代股份公司无法回避的公司治理问题,董事会监督、经理人薪酬合约设计等公司治理机制被广泛用来减缓代理冲突,降低代理成本。而阿里通过"事前组建"的管理团队,预先通过共同认同的价值文化体系的培育和雇员持股计划的推行,使公司治理制度设计试图降低的私人收益不再成为合伙人追求的目标,从而使代理问题一定程度上得以事前解决。正如阿里巴巴集团执行副主席蔡崇信在2014年致信港交所时所说

## 独角兽还是羚羊？
### 公司治理视角下的新经济企业

的:"我们从没想过用股权结构的设置来控制这家公司,我们只想建立并完善一套文化保障机制。"这一套机制让阿里有了"灵魂",使阿里的使命和文化得到坚守和传承,不因个人职务的变动而发生变化;也正是基于这个机制形成的合伙人团队,使阿里得以不为短期利益所惑,坚定地执行其面向未来的战略,让客户、公司和所有股东的长期利益得到实现。阿里合伙人制度由此通过事前长期共同文化价值体系的构建、收入分配构架和对合伙人持股的相关限定,将所有合伙人从精神到物质(利益)紧紧捆绑在一起,与软银、雅虎等股东共同作为阿里的最后责任人来承担阿里未来的经营风险。在一定意义上,我们认为,软银、雅虎等阿里主要股东在上市前愿意放弃至关重要的控制权,事实上是向具有良好声誉和巨大社会资本,同时"事前组建管理团队"和"公司治理机制前置"的阿里创业团队支付溢价。

回顾很多企业在传承中出现问题,往往是由于对基于创始人的历史贡献形成的权威文化的处置不当。权威文化对企业的发展和传承来说无疑是一把"双刃剑",它既可以成为企业持续发展的稳定器,又可能为企业的未来发展留下隐患。我们看到,尽管合伙人制度使阿里形成了"事前组建管理团队"和"公司治理机制前置"等优势,但如果创始人恋栈,错过最佳的接班时机,同样会触发权威文化的负面效应。

值得庆幸的是,阿里很早即设立了合伙人退休制度。按照相关规定,自身年龄以及在阿里巴巴集团工作的年限相加之和等于或超过60年的合伙人,可申请退休并继续担任阿里荣誉合伙人。这使得阿里合伙人成为一个不断吐故纳新的动态实体,以组织制

# 第三篇
## "独角兽"的公司治理实践

度而非个人决策的方式,确保公司使命、愿景和价值观的可持续性。

更加值得庆幸的是,马云在退休决定的做出和退出时机的选择上,与创办阿里时一样,是在正确的时间做出了正确的决策,体现了一代企业家的大智慧。我们看到,经过十多年的发展,阿里的主要业务模式已经成熟;张勇等接班团队经过几年的历练已获得市场一定程度的认同。此时,无疑是阿里完成传承和马云实现"回归教育"梦想的最佳时机。展望未来,马云虽然不再担任阿里的董事会主席,但作为公司的创始人和永久合伙人,马云的精神和理念仍将感召阿里。他创造的文化和确定的战略,也将为阿里合伙人群体所传承,这足以锚定阿里未来的航向。

马云的荣退和阿里的传承也使我们认识到制度对于一个企业传承的重要性。其中,实现管理团队事前组建、公司治理机制前置和建立退休制度的合伙人制度无疑将在未来可观察的阿里传承实践中扮演极为重要的角色。我们知道,合伙人制度是基于阿里文化背景形成的独一无二的制度,它不仅变相实现了被很多高科技企业青睐的"同股不同权"控制权安排模式,而且为阿里的顺利传承进行了积极的制度准备。但这一制度可以在多大程度上被其他企业复制,有待我们未来进一步观察和思考。理论是灰色的,但生命之树常青。我们相信,如同阿里面对新兴产业快速发展过程中的诸多问题而自发形成市场化解决方案一样,随着我国改革开放以来持续进行的市场导向经济转型的完成,未来会有越来越多的企业在市场经济的大环境中创造出一些新的制度来保障企业的顺利传承和基业长青。

# 如何解读阿里赴港"二次上市"的市场传闻?[*]

正当中美贸易摩擦胶着之际,突然传出在美国纽交所上市的中国企业阿里将赴中国香港"二次上市"的市场传闻。一些观察者将其解读为一段时期以来"中概股"在美国市场中受到市场冷落,市值被低估,阿里通过赴港"二次上市"以寻求新的价值发现和认同;一些观察者则将其解读为阿里曾经由于违反"同股同权"原则而一度被港交所拒绝上市,"痛定思痛"的港交所甚至为此不惜修改上市规则,欢迎阿里回归,彼此一偿夙愿;一些观察者甚至将阿里赴港"二次上市"的市场传闻与中国最大的半导体制造商中芯国际将从美国退市的消息联系在一起,认为阿里是在"尽自己的力量支持大中华资本市场",以"满足中国政府希望其最大的科技企业在更靠近本土的地方上市的愿望"。那么,我们究竟应该如何解读阿里赴港"二次上市"的市场传闻呢?

第一,不同于中芯国际等公司,市值高达4 000亿美元的阿里

---

[*] 本文曾以《如何解读阿里赴港二次上市"的市场传闻?》为题发表于FT中文网,2019年6月4日;收录于本书时有改动。

# 第三篇
"独角兽"的公司治理实践

如果选择退市(私有化),短期资金筹措的压力和相应的融资成本将十分巨大。纵观各国资本市场的发展历史,像阿里这样体量的公司选择中途退市的情况鲜有发生。

第二,即使筹措资金退市对于阿里不是问题,阿里现行的公司治理制度也将使阿里赴港重新上市面临重要挑战。我们知道,虽然阿里由合伙人而非股东掌握董事会的任命权(这事实上是2014年阿里申请在港交所上市时被认为违反"同股同权"原则的最重要理由),但阿里并没有发行A、B双重股权结构股票,在退市等涉及股东权益的重大问题上,依然需要在一股一票的股东大会表决框架下寻求持股比例超过30%的软银以及其他股东的配合。而试图说服资本来源高度多元化和国际化的大大小小的股东支持阿里回到香港上市,对于阿里来说显然并非易事。

第三,还有一种假设,是阿里并非选择先退市后上市的方式,而是以增发的方式在新的资本市场增加总体权益融资规模。例如,我国一些已经在上交所或深交所上市并发行以人民币为面值的A股的企业,可以同时在港交所增发以港币为面值的H股,从而实现在内地和香港资本市场同时上市。但需要提请读者注意的是,通过这一方式实现的只是"同一资产的摊薄发售"。根据"同股同权"原则,在不同市场、以不同货币发行的股票享有同等的分红权利。因而,在不同市场上增发新的权益融资,同样需要获得担心股权遭到稀释的现有股东的同意。而前面的分析表明,在并没有发行A、B双重股权结构股票,而是传统的"一股一票"框架下,试图说服股东"在新的市场增发新股",对于阿里来说同样并非易事。

**独角兽还是羚羊？**
**公司治理视角下的新经济企业**

上述三方面的讨论一定程度上意味着，阿里从决定离开中国香港转赴美国上市的那一刻起，就走上了一条"不归路"，尽管今天的港交所和作为行政总裁的李小加先生都表示欢迎阿里的"回归"。

当然，我们并不能排除阿里将其旗下的某一优良资产包装之后，以不同甚至相同的上市股份名称，实现在港交所的新上市，从而实现在纽交所和港交所两个交易所同时上市的可能性，只要其实际对应的是不同资产。同样不能排除的是，阿里未来在港交所，甚至A股市场发行存托凭证的可能性。但作为介于权益和债务融资之间的存托凭证的发行显然并非真正的权益融资，因而并非真正意义上的"二次上市"。

事实上，在中美贸易摩擦中，华为的任正非先生由于理性务实的声音而赢得了各方的尊敬。我们希望，阿里始终应该成为今天开放的中国的缩影。开放的中国和包容的世界需要看到务实开放和稳健发展的阿里。

# 轮值董事长制度的公司治理含义[*]

继2018年华为实施轮值董事长制度之后,永辉超市近期也推出了轮值董事长制度。轮值董事长制度开始引起公司治理理论界和实务界的关注。那么,轮值董事长制度究竟具有哪些独特的公司治理含义呢?

要回答这一问题,我们需要首先从法理上还原董事长在公司治理中原本的功能角色。董事会是受股东委托,代股东履行经营管理股东资产的职责,以确保股东投资安全和按时收回的常设机构。通常董事会是按照多数决规则,以集体表决的方式来对股东通过《公司章程》或股东大会相关决议授权的相关事项做出决议,集体履行其作为股东代理人的相关权利和义务。理论上,董事长和其他董事在法律上对股东的代理地位是平等的,都是"一席一票"。在一些国家的公司治理实践中,董事长仅仅是董事会的召集人,甚至没有普通董事所拥有的投票表决权。

其次,谁可以出任董事长?鉴于董事长在法理上的上述功能角色,理论上,具有董事资格的任何人都能成为董事长。最近的例

---

[*] 本文曾以《轮值董事长制度的公司治理含义》为题发表于《董事会》,2019年第2期;收录于本书时有改动。

## 独角兽还是羚羊?
### 公司治理视角下的新经济企业

子是,特斯拉公司原董事长兼 CEO(首席执行官)马斯克在任性发布特斯拉"私有化"消息后受到美国证监会"三年内不得担任董事长"的处罚,他的继任者是特斯拉前外部董事罗宾·德霍姆(Robyn Denholm)女士。

但在各国公司治理实践中,由于董事长通常出任法人代表,特别是出于管理实践和企业文化中对权威的尊重,普通董事在相关议案的提出和表决的影响力上不可与董事长相提并论。董事长在公司治理实践中处于十分重要的地位,发挥举足轻重的作用。例如,罗宾·德霍姆女士在接受特斯拉董事长的聘任后,将辞掉澳洲电信公司 Telstra 的首席运营官一职,全职担任特斯拉董事长。

而在我国国有企业的公司治理实践中,董事长是由公司上级组织部门任命,并在干部管理中对应着一定行政级别。因此,尽管董事长在名义上同样只是董事会的召集人,但除了履行董事长在法理上的功能角色,他往往对国有企业的日常经营管理决策拥有最终的裁决权。应该说,国有企业的上述实践很大程度上影响了我国非国有企业的董事长行为。在中国,董事长看上去更像是在扮演成熟市场经济下公司 CEO 的角色,而使得公司真正的 CEO 一定程度上退化为董事长的"行政助理"。

在一个企业发展的早期,将更多经营管理决策权集中到董事长手中也许会有利于提高企业整体营运效率。然而,在企业进入成熟期后,一方面由于董事长在治理实践和企业文化中逐渐形成的"权威"地位和广泛的影响,另一方面由于其他董事的提名、面试和薪酬制定反过来受该董事长权力的影响,董事长的权力至少在

# 第三篇
## "独角兽"的公司治理实践

董事会内部无法受到有效制约。而无法受到有效制约的董事长"一言堂"局面往往是引发各种内部人控制问题的导火索。

我们看到,董事长轮值制度的推出至少在以下几个方面有助于缓解董事长职位固定所引发的潜在内部人控制问题。

其一,轮值董事长制度使董事长的治理角色从浓郁的个人色彩还原到其原本的功能角色,有利于治理走向规范化和标准化。在任董事长将意识到他仅仅是董事会集体成员中的一员,只是受股东和其他董事委托,在一段时期内履行董事会召集人的角色。董事长仅仅是标准工作流程中的一个具体工作岗位,不应为这一角色赋予太多的在任董事长的个人色彩。

其二,轮值董事长制度有利于营造全体董事民主协商的氛围和治理文化,防范董事长职位固定通常导致的"一言堂"局面进而内部人控制问题的出现。轮值董事长制度下的每个董事将清楚地意识到,今天你是董事长,但一段时期后,另一位与你看法和意见不同的董事就可能轮值为董事长,因而短期内轮值到的董事长应该平等地接纳和包容其他董事的不同意见。借助商议性民主,综合全体董事的智慧下的董事会决议将超越特定董事长个人能力和眼界的局限,形成对未来经营风险相对准确的预判,防患于未然。

其三,对于那些早年率领团队打拼、劳苦功高的成功企业家,轮值董事长制度也是在公司业已形成基本的治理运作制度和框架后,使他们从"琐碎"的行政性事务中解脱出来,集中精力思考关于企业发展的更加长远和根本的重大公司战略问题的一种可供选择的制度安排。

### 独角兽还是羚羊？
#### 公司治理视角下的新经济企业

与此相关的一个话题是,近期王卫不再担任顺丰速运法定代表人。在此之前,阿里的马云、京东的刘强东、复兴集团的郭广昌、滴滴的程维等纷纷辞任所在公司的法定代表人职务。我们知道,法定代表人只是在法律和公司章程允许、股东授权的范围内,代表公司履行工商注册、民事诉讼等相关法律程序。不再担任公司的法定代表人并不意味着王卫和马云作为顺丰和阿里的主要股东和实际控制者,相关股东权益有任何改变,从而对公司的影响力减弱。因此,在使成功企业家摆脱行政性事务方面,我们注意到,引入轮值董事长制度,与成功企业家不再担任法定代表人有异曲同工之妙。

既然轮值董事长制度有如此之多的好处,那么,轮值董事长制度是否适合所有企业呢？如果仔细观察近期推出轮值董事长制度的华为和永辉超市,你会发现这两家公司在公司治理制度上具有以下典型特征。其一,股权结构相对稳定,在较长时期内并不存在突然的控制权丧失风险。永辉超市是民营相对控股。近年来通过合伙人制度,永辉超市进一步将一线员工的利益、主要股东和管理团队的利益紧紧地捆绑在一起。而华为的员工持股计划一直是业界的典范。由于有雇员和股东结成共同的利益同盟,两家公司的公司治理构架相对稳定,并不存在外部"野蛮人入侵"和外部接管的威胁,非上市的华为尤其如此。其二,经过长期的打拼和磨合,上述两家公司的董事会已形成相对成熟的经营管理决策机制和讨论流程,以及成熟的企业文化下的共同价值追求。一定程度上,成功企业家是否担任董事长对企业董事会的经营管理决策流程影响不大。其三,相关企业家也确实到了功成身退、淡出企业的年龄,通过轮值董事长制度既可以使其能够从烦琐的行政性事务中解脱出来,又锻炼了队伍,培养了接班人,何乐而不为?

上述讨论意味着,并不是所有企业都像华为和永辉超市一样适合推出轮值董事长制度。同时,轮值董事长制度是否像本文所预期的那样发挥积极正面的公司治理作用,仍然有待我们的进一步观察。

# 第四篇
## "独角兽"与新经济发展展望

本篇从互联网时代新经济企业所具有的消费者与投资者之间的边界模糊、投资者与创业团队围绕业务模式创新的信息不对称加剧等特征出发，讨论新金融语境下公司治理理念如何转变的问题。我们强调，在控制权安排的实现形式上，既可以是资本雇佣劳动，也可以是劳动雇佣资本，选择哪种形式取决于谁是进行专用性投资的关键资源；评价有效控制权安排的标准应该从传统的仅仅强调能否实现对投资者权益的保护，相应转变为是否有助于代理冲突双方(经理人与股东)从短期雇佣合约转为长期合伙合约，实现合作共赢；公司治理的政策目标则应该从缓解代理冲突、降低代理成本，转变为专业化分工实现的效率改善与代理成本降低之间的权衡。

我们以中国民生投资股份有限公司"爆雷"事件为例，思考投资型公司如何构建治理构架，以避免众筹理念下可能存在的治理机制设计缺陷问题。采用众筹理念引入的持股比例接近的众多分散股东会导致股东之间在监督管理团队上存在相互"搭便车"从而无法形成有效监督的倾向，形成管理团队主导，甚至内部人控制的营运格局。上述治理缺陷将不可避免地导致一些股权高度分散的企业在激进扩张的道路上一路狂奔。

# 新经济时代：赢者通吃 vs 赢者分享？*

很多人愿意用"既爱又恨"这个词来形容对以 BATJ（百度、阿里、腾讯、京东）为代表的新经济企业的复杂感情。一方面，一些段子手把"剁手党""被王者荣耀毁掉的一代"这些形象的说法与新经济企业联系在一起；另一方面，我们每个人都能真切地感受到，我们的工作和生活从来没有像今天这样便捷高效。

BATJ 对不同产业领域的撒网式投资布局，是引起人们对新经济企业"既爱又恨"复杂情感的另外一个理由。2018 年，阿里把"饿了么"购入旗下，并与其关联方以约 55 亿元战略投资居然之家，以约 150 亿元入股分众传媒；腾讯则入股"男人的衣柜"——海澜之家；BATJ 等同时参与被称为"国企混改样本"的中国联通混改，进军通信等基础设施行业。未来似乎我们生活中的衣、食、住、行、玩都离不开 BATJ，无处不在的少数几家新经济企业巨头一时间给人一种"赢者通吃"的印象。

正是带着"赢者通吃"这样的抽象印象和现实担心，今年 7 月初我开始了阿里的新零售考察之旅。随着观察和思考的深入，一

---

\* 本文曾以《新经济时代：赢者通吃 vs 赢者分享？》为题发表于 FT 中文网，2018 年 7 月 31 日；收录于本书时有改动。

### 独角兽还是羚羊？
公司治理视角下的新经济企业

些新的印象和判断逐渐在我的脑海中形成。

首先,在阿里"线上线下结合典范"和"高度智能化新零售旗舰"的银泰商厦不远的街区,依然有延续了上千年、从人类有商业史以来就开始存在的街边零售餐饮小店。如果概括新零售带来的传统零售模式的革命,也许我们可以把它们总结为以下几个方面。

其一是利用线上线下结合的方式进行中介组织的重构,最大限度地消除中间环节,极大地便利客户的需求满足。这使得未来消费者只需要做两件事——消费和付钱。在考察"盒马鲜生"时,我甚至一度对家庭冰箱制造、贸易中转批发商、大排档等没有特色的餐饮等产业的未来前景心存忧虑。

其二是利用数据银行向目标客户精准营销。如果说阿里的新零售模式在目前阶段是成功的,我们看到其成功背后的原因既是复杂的——例如,阿里股权结构设计上的合伙人制度,雇员终身编号和花名体现平等价值观的企业文化等,又是简单的——阿里围绕零售等有限的领域把两百多年前亚当·斯密基于别针工厂提出的专业化分工做到了极致。但需要提醒读者注意的是,新零售并没有完全代替传统零售,很大程度上缘于消费者基于收入水平、消费习惯、饮食文化形成的多样化需求偏好。

尽管阿里开创的新零售模式在某些特定情形下可以引导消费的潮流,但显然无法在短期内覆盖不同年龄,不同地域,具有不同文化、消费习惯和饮食偏好的全部消费者。例如,通过借助大数据对消费行为进行分析,开展精准营销,银泰商厦目前阶段的目标客户主要定位在22—26岁的年轻女性。

## 第四篇
### "独角兽"与新经济发展展望

其次,在股权设计和控制权安排上,阿里一方面通过合伙人制度变相实现的"同股不同权"控制权安排,让大股东软银等退化为普通投资者,远离管理团队的重大经营决策;另一方面,在围绕新零售的核心业务开展中,更多地采用传统的控股链条,使以新零售理念改造传统零售模式的战略意图得以贯彻实现。

例如,为了实现对新零售线上线下结合的重构,原在中国香港上市的银泰商厦私有化成为阿里集团绝对控股的子公司;为了保持"盒马鲜生"统一的标准和品质,阿里在业务推广过程中并没有简单采用连锁经营这一被以往实践证明有助于快速推广的模式,而更多的是选择开分店。这些也决定了阿里新零售的扩张速度受到品质保证和资本投入等要素的制约。这在一定程度上减缓了人们对阿里"赢者通吃"的担心。从阿里股权投资的方向来看,既有对银泰商厦等企业的绝对控股(按照阿里新零售的全新理念重塑银泰商厦),也有对恒生电子等企业的战略投资(着眼未来相关产业长远发展的战略布局)。

最后,除了资本预算约束,掣肘阿里发展的另一个重要因素显然来自物流。在今天被称为"东方硅谷"的杭州,一方面是无人驾驶汽车的试航和无人机在快递业应用等颇吸引眼球的美好蓝图绘制,另一方面则是杭州街头依然骑着两轮、三轮电动车等各式传统交通工具的快递小哥穿梭在交通堵塞的道路上的现实困顿。丰满的理想和骨感的现实形成巨大的反差。马云由于担心物流作为传统行业的边际成本递增属性与基于网络外部性的电商的边际成本递减属性不兼容,而一度拒绝涉足物流业,但最终还是被迫让"菜

## 独角兽还是羚羊？
### 公司治理视角下的新经济企业

鸟""起飞"了。而京东自营物流提供的快速送货服务则为其赢得不少口碑。物理空间的客观存在很大程度上成为电商和新零售发展的瓶颈。这事实上也是顺丰等快递公司在电商竞争日趋激烈的今天异军突起的原因。在一定意义上，谁拥有高效便捷的物流，谁才能真正使新零售如虎添翼，新零售才能真正实现起飞，甚至腾飞。

概括而言，由于上述资本、质量和标准控制、物流等因素的制约，以及近几年电商的迅猛发展和竞争的日趋激烈，电商面临着流量的红利逐渐消失的问题。精准营销的复杂需求与资本、物流等瓶颈制约的内在矛盾，使得新经济企业看起来无所不在的触角一定存在无法触及或不愿触及的领域。而这些领域将为其他企业的生存和发展带来空间，甚至新的曙光。

更让我感到欣喜的是，阿里旗下的银泰商厦对传统服务业的改造升级不是简单的淘汰，而是使一些传统产业获得新的生机。为了提升服务质量，让客户足不出店享受"一条龙"服务，银泰商厦引入了一些声誉卓著的品牌服务商，如在北京等地很有名的包包拯修包商。当消费者在街头很难再寻找到以往走街串巷、沿街叫卖的修包师傅时，你会惊奇地发现，这些修包师傅现在堂而皇之地坐在了银泰商厦里，开始像白领工人一样继续从事着蓝领工人的工作。这是我此次阿里新零售考察之旅的重要收获之一。

上述观察促使我开始思考，新经济企业可能不是印象中的"赢者通吃"，而是"赢者分享"。在新零售如火如荼发展的今天，它对传统零售业企业的一个可能启发是，企业需要加速转型进程，在新的专业化分工体系重建中精准定位，利用互联网，以自己高度专业

# 第四篇
"独角兽"与新经济发展展望

化的服务换取别人同样高度专业化的服务。

在与阿里的高管和员工交流时,很多人言语中自然流露出与腾讯等新经济企业"既生瑜,何生亮"的"瑜亮情结"来。在与腾讯等公司的高管和员工的交流中,我们可以观察到类似的情结和反应。历史上,腾讯曾一度试图联合百度和万达进军新零售领域,而阿里也曾一度试图进入通信领域,但最终各安其分。这使我联想起经济学家鲍莫尔的可竞争市场理论。腾讯虽然目前尚未进入新零售领域,但面对腾讯的虎视眈眈,阿里没有理由不加倍努力。这也许正是宝马在庆祝她的生日时不忘记感谢它的竞争对手奔驰存在的原因。基于此,我倾向于认为,新经济时代可能并非简单地"赢者通吃",而更可能是"赢者分享"。

# 互联网金融时代的公司治理[*]

近年来基于互联网的众筹等新型融资方式的快速发展,预示着一个全新的互联网金融时代即将到来。那么,互联网金融时代的来临将为关注投资者权益保护的公司治理带来哪些变化呢?

与传统融资模式相比,互联网金融具有以下全新特征:

第一,消费者与投资者之间的边界变得模糊。

在传统产业(含金融业),消费者与投资者之间的边界是非常清晰的。例如,在银行业,储户是金融服务的消费者,持有银行所发行股票的股东则是投资者。虽然部分银行股东与所持股银行有存贷款业务,但消费者与投资者之间的边界是清晰的。

而在互联网金融时代,随着众筹平台的兴起,以及与支付宝、余额宝等服务捆绑在一起的基于互联网的金融服务提供,消费者与投资者之间的边界日益模糊。例如,商品众筹项目的投资者往往首先是对平台所提供的产品或服务感兴趣,并成为该平台所推出的产品和服务的最初体验者,进而成为投资者。而给支付宝或余额宝账户充值的用户往往也是与阿里关联的淘宝网的忠实消费

---

[*] 本文曾以《互联网金融时代的公司治理》为题发表于《经济观察报》,2015 年 7 月 11 日;收录于本书时有改动。

者。边界的模糊甚至利益的冲突使得有效保护投资者(或消费者)的权益变得更加困难。

第二,投资者进入门槛低,责任承担能力差。

在这种普惠和众筹的融资模式中,投资者扮演的角色与成为股东承担有限责任同时通过投票表决参与重大资产重组和战略调整的角色有着明显的不同。投资者的进入门槛较低,对众筹项目感兴趣的消费者随时都可以成为投资者。进入门槛低的结果是投资者无法像普通股东一样基于传统公司治理框架通过表决参与企业决策,同时作为最后责任人承担相应责任。与通过持有具有表决权的股票参与公司的重大决策而未来获得稳定股利回报的传统模式相比,互联网金融时代的投资者更看重的是以资本利得方式实现的短期回报及其背后的收益权,而不是控制权。

第三,业界精英与普通投资者之间在业务模式上存在严重的信息不对称。

互联网金融时代,基于大数据,融资双方的信息不对称问题有所减缓,但与此同时,金融业务模式的快速创新反而使业界精英与普通投资者之间围绕业务发展模式的信息不对称加剧。如果说传统行业的投资者基于对未来现金流的估算利用净现值法就可以对一个项目是否可行做出判断,那么互联网金融时代业务模式的快速发展使得一般的投资者无法理解业务模式,从而无法弄清楚现金流到底如何产生。一些研究发现,技术产生的不确定性加剧了投资者之间观点的不一致和利益冲突,以至于认为股价虚高的股东很容易将所持有的股票转手给认为股价仍有上升空间的潜在投

## 独角兽还是羚羊？
公司治理视角下的新经济企业

资者,使现在的投资者与将来的投资者之间产生严重的利益冲突。另一些研究则发现,由于缺乏专业知识和相关分析技能,外部分散投资者的总体精明程度下降,而不得不依赖专业精英。

第四,对技术或金融创新公司的价值进行合理评估面临困难。

技术或金融的创新使得对互联网金融公司的价值评估需要更多地从行为金融的视角进行,这给传统的资产定价理论带来了新的挑战。以美国的 Uber 公司为例。2014 年年中,Uber 以 180 亿美元的隐含价值筹集了 12 亿美元。仅仅 6 个月后,它又以 400 亿美元的隐含价值筹集了 12 亿美元。而同期美国出租车行业的总收入估值为 110 亿美元,所以 Uber 的估值几乎是美国出租车行业总收入的 4 倍。因此,要想证明上一次 Uber 的估值是合理的,投资者必须相信 Uber 将接管相当于整个美国出租车行业的交通业务,然后以一个巨大的增长率来对其进行扩张,然而目前来看这显然是不太可能的。脱离真实价值创造的非理性繁荣会不当地抬高资产价格,使得投资者对技术或金融创新公司价值的评估面临困难,投资者缺乏一致认同的公司治理基础。与技术或金融创新公司的价值难以合理评估相伴随的是技术或金融创新的资产价格泡沫的频繁出现,持续的时间通常会超过预期。唯一值得庆幸的是,这种泡沫的破裂对宏观经济产生的影响有限。与信贷和楼市泡沫相比,股市泡沫的危害性可能要弱得多。

上述全新的融资模式特征使传统公司治理范式在互联网金融时代面临巨大挑战。我们知道,传统的公司治理政策制定的现实出发点是保护中小投资者的利益。在 Berle 和 Means 范式下,公司

# 第四篇
"独角兽"与新经济发展展望

治理面临的主要问题是经理人与投资者之间的信息不对称和融资合约不完全的问题。而资本的责任能力使得投资者在解决上述问题中处于主导地位。一方面，投资者通过成为公司股东，享有剩余控制权（对资产重组和经营战略调整的表决权）和剩余索取权（以出资额为限承担有限责任），以解决融资合约不完全问题；另一方面，投资者通过设立董事会来遴选、监督和激励经理人，以解决信息不对称问题。我们可以把 Berle 和 Means 范式下的资本与劳动关系概括为"资本雇佣劳动"。

随着互联网金融时代的来临，大数据的平台共享一定程度上减缓了融资双方的信息不对称；而快速便捷的网络则有助于实现信息及时更新和合约动态调整，这使得合约不完全问题变得并不严重。投资者与消费者身份的重叠又使得资本的责任能力弱化了许多，以往相对稀缺的资本退化为普通的生产资料。任何需要资金支持的项目都可以借助互联网金融轻松实现外部融资，而不再受到资本预算瓶颈的限制。业务模式竞争背后更多的是"人力资本的竞争"。劳动（创新的业务模式）雇佣资本（通过互联网实现外部融资）的时代悄然来临。

那么，互联网金融时代的公司治理应该进行怎样的革新呢？

首先，从"一股一票"（"同股同权"）到不平等投票权的转变。

传统的"一股一票"原则被认为更有利于保护中小投资者的利益。但在互联网金融时代，由于新兴产业快速发展所带来的外部分散投资者与 IT 精英围绕新兴产业业务模式的信息不对称，外部投资者将理性地选择把无法把握的业务模式的相关决策权交给具

### 独角兽还是羚羊？
#### 公司治理视角下的新经济企业

有专业知识的 IT 精英,自己在放弃控制权后退化为(类似于"储户"的)资金提供者。这是在创业者的控制权尤为重要的高科技企业盛行不平等投票权的重要原因。例如,2014 年 4 月,谷歌在原来发行 A 类股票(一股一票)和 B 类股票(一股十票)的基础上,进一步推出没有表决权的 C 类股票(一股零票),投资者的态度从开始的抵触 B 类股票转变为接受甚至没有表决权的 C 类股票。

事实上,双重股权结构同时还是围绕新兴产业业务模式的信息不对称问题的"市场解决方案",即掌握私人信息的 IT 精英向外部投资者发出识别项目的信号。IT 精英需要为新项目寻找外部资金的支持,而外部投资者需要识别有潜质的项目。然而,由于 IT 精英与投资者之间存在围绕新兴产业业务模式的信息不对称,投资者如何选择潜在的投资对象呢? 在投资者所观察到的两类潜在项目——一类"同股同权",一类"不平等投票权"——中,前者并不能向投资者提供更多有用的信息。而此时,如果有部分企业推出双重股权结构,其不啻在向投资者昭告:业务模式你们不懂,但我懂,你们只需要做一个普通出资者就够了。这无疑会吸引为无法理解一个新兴企业的业务模式而困惑不解的投资者的目光。在这一意义上,双重股权结构的推出恰恰构成资本市场围绕业务模式的信息不对称问题的一个解决方案。①

2014 年 9 月,在美国纽交所上市的阿里以"合伙人制度"变相推翻了"同股同权"原则,推出了事实上的不平等投票权。有趣的是,当初以违反"同股同权"原则为由拒绝阿里上市的港交所近期

---

① 参见郑志刚. 阿里上市启示录[J]. 21 世纪商业评论,2014(23):24-25.

# 第四篇
## "独角兽"与新经济发展展望

发布公告,拟有条件允许公司采用"同股不同权"构架在港上市。

其次,从"股东中心"的公司治理到"企业家中心"的公司治理的转变。

与持续了数百年、至今仍生机勃勃的日本温泉酒店和传统制造业的百年老店相比,伴随着泡沫兴起和破裂,基于互联网的企业生命周期呈现逐渐缩短的趋势。在外部融资不再成为约束,而人力资本变得"稀缺"的互联网金融时代,只有极具创新理念、不断推出新的业务模式的企业家所率领的团队才能在激烈的竞争中脱颖而出。如何帮助投资者识别把握商机、发现市场和创造价值变成互联网金融时代经理人的重要使命。

阿里推出的合伙人制度事实上具备了"企业家中心"的公司治理范式的雏形。通过组建拥有董事提名权的合伙人,阿里在董事会之上形成了一个新的董事会,只不过是由合伙人集体履行董事会中的"特殊董事长"的作用。通过构建"董事会中的董事会",阿里实现了"铁打的经理人(合伙人),流水的股东"。作为对照,传统的"股东中心"的公司治理范式的核心是监督、约束和激励经理人以降低代理成本。在股东主导的治理模式上,"铁打的"是股东(控股股东),而"流水的"则是经理人。

由于公司治理从"股东中心"到"企业家中心"的转变,使得互联网金融时代的创始人在企业发展过程中具有不可替代的核心作用。所谓"离开马云的阿里可能就不再是阿里",这使企业未来如何传承成为互联网金融时代公司治理迫切需要开展的研究课题。

再次,伴随着互联网金融的普及,家族信托和公益性基金会广泛兴起,并大行其道。

## 独角兽还是羚羊?
公司治理视角下的新经济企业

企业家所创造财富的未来归属和企业家退出机制是互联网金融时代公司治理面临的重大问题。考虑到巨额遗产税开征以及继承人的能力，步入年迈的第一代财富创造者并不情愿简单地把创立的企业交给"富二代"了事。帮助家族理财的家族信托和公益性基金由此开始广泛兴起，并大行其道。其突出特点是，资产的所有权、经营权和收益权是"三权分离"的。所有权属于公益性基金，日常的经营决策则通过公益性基金聘请的专业管理团队实现，"富二代"无权干预企业日常的经营决策，但"富二代"享有投资的收益权。通过上述方式，互联网金融企业的创业者实现了从"雇佣资本的劳动"到"被其他劳动雇佣的新资本"的转变。传统公司治理的理念未来在家族信托和公益性基金的运行中将依然大有用武之地。

最后，监管当局从强制性信息披露到未来选择性信息披露的转变。

安然事件等会计丑闻发生后，为了避免出现类似的会计造假，美国于2002年推出《萨班斯-奥克斯利法案》，对公众公司的信息披露提出了更高的要求。然而，学术界之后开展的大量经验研究表明，苛刻的信息披露反而有损于企业的价值，投资者对《萨班斯-奥克斯利法案》出台的市场反应显著为负。容易理解，在互联网金融时代，一方面，基于大数据的互联网信息共享使得互联网金融自身的信息不对称程度相对较低；另一方面，互联网金融业务模式涉及商业机密，严格的披露制度将使企业陷入两难。因此，未来监管当局需要调整信息披露政策，逐步实现从强制性信息披露到选择性信息披露的转变，以适应互联网金融发展的特点。

# "众筹"下的明清会馆治理及其现代启示*

会馆是明清时期民间自发组织的集联络乡谊、服务科举、祭祀乡贤,甚至客死善后等功能于一体的提供集会、餐饮和住宿等服务的半公共活动场所。它既不同于郡邸、讲奏院、朝集院等类似于现代地方政府驻京办事处的古代官设机构,也不同于逆旅等向全体公众开放的商业性质的古代旅馆和客店,而是由来自同籍的乡党依据自愿原则捐资合伙设立,主要向应试或经商的同乡开放,并为旅外的同乡岁时祭祀聚会提供场所。会馆最早出现在明朝永乐年间,在清朝乾隆和嘉庆年间进入发展的鼎盛时期,"各省州府乡人在各地争相建馆"。到清朝光绪年间,仅在京建成的各地会馆数量就达500多个。

对于会馆在明清社会、政治、经济、文化发展中所扮演的角色,以往的研究存在两种不同观点。一种观点认为,明清会馆是中国社会地方乡绅自治传统在各地的延伸,有助于道德教化和秩序维

---

\* 本文曾以《"众筹"下的明清会馆治理与现代启示》为题发表在《经济学家茶座》,2019年9月;收录于本书时有改动。

护,与传统儒家文化的理想和实践相契合。例如,福建汀州会馆在馆约中有"惟礼让之相先,惟患难之相恤,惟过失之相规,惟尊君爱国之相砥砺"(《汀州会馆馆约》)等语。而另一种观点则认为,会馆的兴建为原籍乡绅、在京官员和工商巨贾的政治勾结提供了温床,出现了地域性的帮派集团,成为近代臭名昭著的乡党政治的古代渊薮。例如,在明朝宣德年间,民间流传着"翰林多吉水,朝士半江西"的说法。宣德年间共录取进士2 081名,其中江西一省就录取了559名,这被认为是当时执掌朝中重权的江西籍内阁大学士杨士奇"私其同乡所致"。并且同期江西在京会馆的数量和规模也都位居各省前列。

抛开明清会馆在社会、政治、经济、文化发展中有争议的角色,本文特别关注的是,作为"民间自组织的集联络乡谊、服务科举、祭祀乡贤,甚至客死善后等功能于一体的提供集会、餐饮和住宿等服务的半公共活动场所",明清会馆是如何设立、组织和营运的。让笔者感到十分惊奇的是,明清会馆在设立、组织和营运中有如今十分时髦的互联网金融概念——"众筹"的影子。

提起"众筹",人们很自然地与借助互联网技术实现的资金供需双方的直接资金融通等互联网金融的实现形式联系在一起。出于对某项产品或服务的兴趣,众筹项目的投资者从最初的体验者转变为积极的投资者,进而成为稳定的需求者。"点名时间"和"我们一起喝咖啡"等采用的就是标准互联网金融概念下的众筹营运模式。

从明清时期会馆的设立、组织和营运中,我们可以观察到浓郁的现代互联网金融概念下的"合伙众筹"的痕迹。在记录会馆修葺

## 第四篇
## "独角兽"与新经济发展展望

历史的碑刻中,研究者经常会看到很多类似于"经我先贤热心资助,慷慨乐输"(长春会馆《玉行规约》)等表述。这表明,会馆设立的资金主要来源于同乡贤达的捐赠,而非股东投资。同样重要的是,会馆的设立修缮是以所在地域同乡会为基础形成的全体同乡大会共同决定的,所谓"召集全体大会,共同议决,兴工翻修",而并非按照出资额大小在"股东大会"上进行股权表决。我们看到,上述两个特征使明清会馆从设立到组织和营运都具有十分浓郁的"众筹"色彩,而不是现代股份公司的色彩。

从"众筹"这种互联网金融实现形式衍生出来的是目前在投资领域十分流行的"众筹"投资理念。例如,由全国工商联发起,董文标、卢志强和史玉柱等一干商界"大佬"深度参与的中国首家"中字头"民营投资公司——中国民生投资股份有限公司(以下简称"中民投")即采用众筹理念募集资金,形成由59家行业领先企业联合设立的所谓"超级众筹"。按照董文标先生在中民投成立之初的设想,中国100家大型民营公司,每家民营企业出资1亿元,就是100亿元。然而,2019年2月13日,中民投在债务兑付危机下发生"爆雷",引发媒体和公众的高度关注。而在此前的2018年10月29日,清华大学总裁班34名学员通过众筹开了一家餐厅,该餐厅后因经营不善申请破产。面对屡见不鲜的现代众筹失败案例,让我们颇感惊奇的是,同样以众筹理念设立、组织和营运的明清会馆却经历了数百年的风雨,并成就了一时的辉煌。

在讨论众筹下的明清会馆为现代众筹营运模式带来哪些启发之前,让我们先简单了解一下明清会馆设立、组织和营运的一些基

# 独角兽还是羚羊？
## 公司治理视角下的新经济企业

本特征。

其一,在文化传承上,会馆以"敦亲睦之谊,叙桑梓之乐"为主旨,成为客居异乡的官宦、试子和游商寻求思乡情怀抒发和慰藉的聚集地。例如,在福州会馆,"承平时,京曹乡贯,或同举进士举人者,每岁首,必衣冠会饮,谓之团拜"。会馆的存在由此成为中国传统社会乡绅自治传统的延续。官僚倡导和资助创设使会馆成为地方经济文化实力的象征。这体现在会馆的规模"大都视各地京官之多寡贫富而建设之"(《清稗类钞》)。

从"敦亲睦之谊,叙桑梓之乐"(《重修浮山会馆碑记》)的主旨出发,明清会馆的开放对象往往以同乡为限,具有一定的地域性和排他性。例如,泉郡会馆明文告示,"本会馆为泉属各县旅平同乡公共之处所,凡非泉属各县同乡不得住馆"。而地域色彩浓郁的明清会馆一方面成为对"流寓人员"实行有效管理的理想社会组织,客观上发挥着政府与客居群体之间的中介管理调控组织功能,以至于"奈人杂五方,莫相统摄,欲使之萃涣合离,非立会馆不为功"(《重建药行公馆碑记》);另一方面通过自身的社会连接功能,加强了与皇权制衡的绅权的影响力和抗争性,成为乡党政治的社会源头。

其二,在宗教情结上,会馆的设立和营运不仅迎合了客居试子和商人的祭祀家乡先贤和特定宗教信仰的需求,而且相关宗教信仰成为会馆成员行为的一项精神约束。会馆往往首先祭祀的是"吾郡城隍之神","春秋享祀,以主其福"(《建置会馆序》)。例如,山西会馆非常崇祀关公(三国时的关羽),不仅是因为关公为山西同乡,而且关公重义轻利,成为"以管鲍之风经陶朱之事业"的晋商

# 第四篇
"独角兽"与新经济发展展望

的典范。而主要功能为服务科举的试馆,祭祀的主神则是保佑各省举子金榜题名的文昌帝君。各类行业会馆则供奉的是庇护行业兴旺发达的行业之神。例如,福建延邵纸商会馆,"每岁由闽航海,荷神庇,得顺抵天津",因此,"合建会馆,已祀天后(妈祖)","商人每于岁之冬十月,售纸入都,敬享(天)后。因会饮于一堂,既答神䄄,而乡谊亦可敦焉"(《延邵纸商会馆碑》)。为了迎合乡党不同的信仰需求,一些会馆更是同时设立各路神仙的塑像和牌位,便于乡党各取所需、求同存异。

除了通过共同的宗教信仰基础聚拢乡党,在会馆文化建设中引入宗教礼仪和特定风俗成为会馆成员行为的一项潜在精神约束。例如,一些会馆规定,有不照向章入捐者,届期馆中祭祀,"不得到馆拈香"。这就如同一个宦游的子弟由于担心一旦做了对不起列祖列宗的事无法落叶归根、进入祠堂,因此在行事做官上无不严守祖训、恪尽职守一样。

其三,在资金筹措上,会馆依据自愿原则,以乡党捐赠为主,辅以"喜金"和"房租"收入。在福建龙岩会馆的馆约中,明确写明,"凡有慷慨乐捐者,毋分爵秩,自一两以上,悉登记簿籍"(《龙岩会馆馆约》)。喜金收入则是那些金榜题名的举子和补授官位的候补官员以及其他捐请诰封、除授官职等的同乡为了感谢会馆在其困顿艰难期间提供帮助的酬献金。喜金通常随品级不同,自行"填捐"。但也有一些会馆会对喜金下限做建议性规定。此外,会馆的稳定收入还包括出租给同乡候补官员和试子的会馆房屋所收取的租金。为了保证试子获得优先居住,一些会馆建立了"京官让试子"的"住馆之例",很好地体现了会馆"服务科举"的初衷。

其四,在会馆管理上,主持会馆的多为地位显赫的京官或绅士,他们不仅在政治上有号召力,而且在经济上也有一定的实力。作为"掌管簿籍,收支银两,经理祭祀,并料理馆中一切器皿"的馆主,在很多会馆,"通常由京官出任,如一时未有京官,以候补候选者代之"。这些通常没有报酬,或只有微薄的车马费的馆主,往往实行轮值制,任期一年到三年不等。因而馆主有时又被称为"值年"或"值年馆主"。一些会馆除设馆主或值年一人总管会馆的簿籍银两和处理会馆的重大事务外,还设置干事、庶务、会计等职位若干名,协助馆主管理会馆。例如,"董理庶务会计者,每年于二月内,将先年收入租金及支出费用,开具清册,请众核算",即"将清册另抄一单粘于馆内,俻使众周知有无存积,以示大众"。我们看到,这是会馆实践中形成的传统信息披露制度,构成明清时期会馆十分重要和基本的内控制度。

其五,会馆的公益性和"企业社会责任"的履行。明清时期,为数不少的会馆把收入的余资作为应试卷资,"遇文武会试乡试,诸君子试卷笔墨之费,可取资于是,聊为斯文润色"。有的会馆还资助考生盘缠,对于家庭贫困和落地举子予以特别关照,再次凸显了会馆服务科举的初衷。会馆的公益性还体现在一些附属会馆的戏楼成为普通市民观赏戏剧的公共剧场。例如,清朝时期的湖广会馆、安徽会馆、阳平会馆和正乙祠等会馆附设的戏楼蜚声京城,甚至享誉全国。各会馆戏楼以演唱豫剧、黄梅戏、昆曲等地方戏曲为主,一方面丰富了当时京城市民的文化生活,另一方面则有助于地

# 第四篇
## "独角兽"与新经济发展展望

方戏剧文化的传承。这些会馆附设戏楼的一个间接成果是最终促成了清朝乾隆末年"四大徽班"进京和京剧的诞生。

那么,明清时期包含"众筹"理念的会馆的设立、组织和营运可以为今天的众筹营运模式带来哪些有益的启示呢?

第一,不排斥盈利,但高于盈利的设立宗旨和目的。明清会馆没有沦为当时一般的逆旅、客店,而是在明清的社会、政治、经济、文化发展历史上留下浓墨重彩的一笔,恰恰与其服务科举、联络乡谊的初衷联系在一起。看似不以盈利为目的,但会馆在明清时期实现了持续稳健的经营,一定程度上做到了今天很多企业渴望的"基业长青"。今天我们似乎很少有人了解明清时期一些著名客店的招牌,但是很多有名的明清会馆仍作为遗迹在全国主要城市存在。

第二,通过建立透明公正的管理和严格的信息披露制度取信于乡党。我们注意到,那些声誉卓著的会馆,不仅对会计簿籍等进行严格的信息披露,所谓"将清册另抄一单粘于馆内,俾使众周知有无存积,以示大众";另一方面,对于从设立到修葺过程中乡党的捐赠款项,必严格记录在案,立碑纪念。现在看来,在古代信息不发达的社会条件下,记录和保存真实事件的碑刻扮演着历史见证者的独特角色。比普通人生命更长的石质碑刻会使每个捐赠者相信,未来会有人记住一个叫作"×××"的捐赠者的名字。

第三,利用位尊声显者的声誉约束馆主的自利行为,并使其在必要时承担会馆的经营风险。从明清会馆的馆主的人选中,我们看到,馆主或者来自地位显赫的京官、候补官员,或者来自德高望重的绅士。对于这些人来说,造福乡里的动机和意愿比从会馆经

# 独角兽还是羚羊？
## 公司治理视角下的新经济企业

营中徇私舞弊而获得蝇头小利的动机大得多。更加重要的是,其污秽不洁的名声不仅会在会馆所在区域的同乡间流传,甚至会通过流动性颇高的会馆辗转传回原籍,使其面临"无颜再见江东父老"的风险。因此,看起来甚至"没有报酬"的明清会馆的馆主,在声誉的约束和激励下,其行为比高额薪酬激励下的客店的"掌柜"似乎更加尽职,更加勤勉。馆主的轮值一方面使更多德高望重的京官和绅士参与其中,使会馆变成"大家共同的事业",另一方面避免了某一馆主长期把持会馆可能形成的现代公司治理实践中所谓的"内部人控制"问题。官员或绅士出身的馆主所具有的高于普通乡党的对经营风险的承担能力则来自这些人往往"在经济上也有一定的实力"。

第四,宗教的精神约束成为在声誉约束的基础上对馆主及其他经营者行为的另一层约束。在明清时期这一人们普遍寻求内心平衡的宗教盛行的时代,宗教的来世惩罚有时比世俗的现世肉体惩罚更加有震慑性。今天的很多人显然很难理解,为什么届期馆中祭祀,"不得到馆拈香"这一今天看似十分荒诞的规定,但当时对于一些同乡却会成为可置信惩罚,并被列入相关的馆约中。

第五,通过社会责任的履行建立友好的外部环境。会馆对家庭贫困和落第举子予以特殊关照,这赋予了会馆一定的公益性色彩,使其赢得了社会的普遍赞誉和尊重,也为会馆的顺利营运营造了平稳友好的外部环境。

通过上述分析,我们看到,众筹理念下的明清会馆的成功绝不是偶然的,众多因素的复合作用使其成功具有某种历史必然性。相比之下,我们今天发起的一些众筹项目做到了其中的几条呢?

# 中民投"爆雷"暴露的公司治理问题*

为了解决债务兑付危机,中国民生投资股份有限公司(以下简称"中民投")于2月13日不得不折价出售公司旗下最有价值的资产之一——上海董家渡两个地块,中民投遭遇"爆雷"。一段时期以来,规模或大或小,或民营或国有,或由于激进扩张或由于负债过高,一干企业在去杠杆风暴下资金链条断裂,"爆雷"频繁,公众和媒体对此已一定程度上"视觉疲劳"。然而,作为由全国工商联发起,董文标、卢志强和史玉柱等一干"商界大佬"深度参与的中国首家"中字头"民营投资公司,中民投的"爆雷"还是引起了媒体和公众不少的关注。

人们的很多疑问来自,为什么号称盈利动机最强的民营投资,也会犯通常"花别人的钱,办别人的事"的国有企业才会犯的"扩张太猛"的问题?不仅如此,在募集资金的方式上,中民投采用了当下依然十分时尚的众筹理念,形成由59家行业领先企业联合设立的所谓"超级众筹"。按照董文标在中民投成立之初的设想,中国100家大型民营企业,每家民营企业出1亿元,就是100亿元。联

---

*  本文曾以《中民投"雷暴"暴露的公司治理问题》为题发表于FT中文网,2019年2月25日;收录于本书时有改动。

## 独角兽还是羚羊？
### 公司治理视角下的新经济企业

想到 2018 年 10 月 29 日清华大学总裁班 34 名学员通过众筹开了一家餐厅，后因经营不善申请破产。人们不禁会问，难道在国外风生水起的众筹真的在中国水土不服吗？

我们注意到，中民投在以下两方面的公司治理制度安排上可谓做到了极致。其一，与国有企业委托代理链条太长、所有者缺位相比，民营资本的盈利动机更加强烈和明确；其二，企业通过众筹方式实现了对未来经营风险(不确定性)的高度分担。

但其潜在的公司治理问题也恰恰来自上述两个方面。一群盈利动机明确的企业家"为了共同的目标"聚在一起，无疑会成为中民投在业务模式上选择快速，甚至激进扩张的强大和持续的压力。而采用众筹理念引入的持股比例接近的众多"分散"股东的出现，则会导致股东之间在监督管理团队上相互"搭便车"、无法形成有效监督的倾向，形成管理团队主导("内部人控制")的营运格局。上述两方面治理缺陷的结合将不可避免地导致中民投在经营风格上选择在激进的道路上一路狂奔。

其实，对于投资型公司的治理构架，一方面是分担风险的问题(如前所述，这方面中民投可谓做到了极致)，另一方面则是如何使做出投资决策的管理团队(实际决策人)能够像"股东一样思考"。而管理团队是否会像股东一样思考则与其持股比例有关。容易理解，管理团队的持股比例与企业价值之间并非简单的线性关系。按照经济学家 Morck 等(1988)的观察，当持股比例较低时，管理团队在投资决策失误时所应承担的成本较小，将成本转嫁给其他股东的外部性较大，因而管理团队铤而走险的可能性也相应较大。

# 第四篇
## "独角兽"与新经济发展展望

但是当管理团队持股达到一定比例后,原来的外部性就内在化了,这时他开始像股东一样思考资金回报的稳健和持续。而经济学家Shleifer等的研究则表明,大股东的存在可以解决分散股东在监督管理团队问题上的"搭便车"问题,原因是大股东从监督中获得的收益将覆盖其成本。

中民投的案例在一定程度上表明,众筹引入的股东在制衡管理团队问题上相互"搭便车",变成了部分意识到相关问题股东的个人自觉行为(例如史玉柱和卢志强因投资理念不同而选择中途退出),而无法获得其他股东的响应,转化为股东大会的一致意见。

除了解决分散股东在监督管理团队问题上的"搭便车"问题,大股东及其背后的母公司有时还扮演了"最后担保人"的角色,在必要时向陷入短期资金周转困难的子公司进行资金支持,助其渡过难关。

例如,在1998年亚洲金融危机期间,韩国三星动力就是依靠母公司的救助而转危为安的。这一点事实上对于立志走"产业集团+金融集团"结合之路,但缺乏类似于民生银行信贷业务带来的稳定现金流,未来投资收益波动的不确定较大的中民投尤为重要。在上述意义上,众筹可能更加适合业务成熟、现金流稳定的行业,而并不适合收益波动的不确定性极大的投资行业。

对于中民投"爆雷"事件,稍稍让人感到欣慰的是,众筹理念下的风险分担使这一事件对每一家参与的股东公司的经营不会产生太实质性的影响。此外,由于是民营资本,中民投"爆雷"事件更不会像一些国企的"爆雷"事件那样,使无数纳税人的资金在实际控制企业的内部人的一时冲动之下"打了水漂"。

# 如果科斯醒过来,会怎么想数字经济?*

如果科斯今天醒过来,他很大程度上会坚信,数字经济仅仅有助于改善市场机制"降低信息不对称"的功能,但并不能代替企业家的风险识别和责任承担能力。

最近蚂蚁金服首席战略官陈龙教授的一篇文章《如果哈耶克醒过来,会怎么想数字经济?》在微信朋友圈刷屏。此文之所以引起读者的兴趣,我理解,是陈龙教授用"哈耶克醒过来"重新加入讨论的方式,继续着从 20 世纪 30 年代持续至今的关于计划和市场的争论。

当下蓬勃发展的数字经济,有意无意中成为这场世纪之争的"天平"中新的决胜"砝码"。面对业界大佬抛出的"大数据助计划经济"论和"共产主义将在我们这代实现"论,陈龙教授不得不"委屈"哈耶克教授重新"醒过来",评述当年他尚未看到的数字经济。

借用"醒过来"的哈耶克的逻辑,陈龙教授在文章结尾总结:"把人脑当作算法,就像对计划能力的信心,看似科学,其实低估了文明进化最大的动力。无论在过去的数万年中,抑或看得见的未

---

\* 本文曾以《如果科斯醒过来,会怎么想数字经济?》为题发表于财经网,2017 年 11 月 14 日;收录于本书时有改动。

# 第四篇
## "独角兽"与新经济发展展望

来里,人类文明最有竞争力的进化机制,应当是最能够尊重个体碎片化、即时性的情感和追求美好生活的需求,最能够让所有的个体自发参与的机制。数字时代平台经济和共享经济的崛起,是这个机制巨大生命力的证明。历史教给我们的教训是,计划能力,包括人工智能的提升,最可能成为这个机制的促进者,而非替代者。"①陈龙教授最后甚至告诫说:"那些对计划(算法)能力深信不疑的人,或许应该回头重读(哈耶克的)《致命的自负》。"②

也许陈龙教授感觉同时让两位大家"醒过来"太过为难,他的文章虽然涉及科斯,但对科斯思想的评价着墨不多。所以,我在这里借用陈龙教授这一浪漫的想法,尝试讨论如果科斯醒过来,他会怎样想数字经济。

在猜测科斯如何想数字经济之前,我们先了解一下科斯生前是如何看待市场与企业以及市场与计划之间的关系的。

第一,在科斯看来,除了手工作坊式的以家庭为主的传统生产组织方式,还存在来自不同家庭的人共同组成的被称为"企业"的生产组织方式。与前者单纯依靠市场价格的变化决定生产的数量相比,企业是依靠权威的命令计划来完成资源配置的。现代企业借助权威命令和计划配置资源,实现了交易成本的节省,成为生产组织的重要实现形式。科斯通过比较手工作坊与现代企业两种生产组织形式的交易成本,揭示了现代企业节省交易成本的内在机理。

---

① 陈龙.如果哈耶克醒过来,会怎么想数字经济?[EB/OL].(2017-11-07)[2017-11-10]. http://finance.sina.com.cn/zl/management/2017-11-07/zl-ifynnnse8550301.shtml

② 同上。

### 独角兽还是羚羊?
#### 公司治理视角下的新经济企业

我们看到,科斯这里的讨论虽然涉及市场与企业的关系,但其真实目的在于通过比较市场中两种生产组织模式的交易成本来揭示现代企业内部是如何运作的,即现代企业借助权威命令和计划配置资源,实现了交易成本的节省。与其说科斯关心的是市场与企业的边界,不如说他关心的是更为根本的问题——企业为什么会在市场中存在?科斯打开了企业这只新古典经济学中"利润最大化"的"黑箱",因此他本人也被认为是20世纪70年代以来兴起的微观经济学分支——现代企业理论的鼻祖。

第二,在科斯看来,市场始终是组织生产的现代企业存在的基础制度环境,正是无数家现代企业和无数家庭作坊共同组成了现实中的市场。科斯十分清楚,这些组织生产的"岛屿"不管是现代企业还是家庭作坊都无法离开市场这一"海洋"。只不过在现代企业"岛屿"上,是依靠权威命令和计划"有意识"地调节组织生产活动,但是由无数个现代企业和家庭作坊汇聚形成的市场,因为超过了企业控制的边界而变得"无意识",不得不依靠价格机制这只"看不见的手"来自发调节。这事实上是科斯把企业描述为"在无意识中合作的海洋里有意识的岛屿"的原因。

陈龙教授文中提及很多读者关注的"企业、市场和计划的边界在什么地方"的问题。由于历史上我国和其他一些国家曾采用计划经济的缘故,提起计划,人们很自然地将其与作为中央计划者的政府,甚至市场经济时代政府所制定的具有计划色彩的产业政策联系在一起。如果我们把科斯为了揭示企业内部运作机理而对市场和企业边界的界定错误地理解为市场与计划,进而市场与政府

# 第四篇
## "独角兽"与新经济发展展望

计划的此消彼长,显然是对科斯原意的曲解。

事实上,在科斯的讨论中政府显然是无足轻重的,因为在科斯看来,现代企业所需要的唯一基础制度环境就是市场。在科斯的讨论中既不涉及公共品提供问题,又不涉及外部性问题,因而并不需要政府这只"看得见的手"的干预。科斯这里开展的市场与企业关系的讨论,更多是选择现代企业和家庭作坊两种生产组织形式的比较,而非企业对市场的替代,当然更不是与企业生产组织模式相联系的计划对市场的替代,甚至计划背后的政府对市场的替代。在这一点上,科斯很好地承袭了芝加哥大学自由放任的经济研究传统。

第三,在科斯看来,依靠权威命令计划而非价格机制配置资源,组织生产的现代企业的出现,是在市场制度环境下,企业家基于对不同生产组织模式交易成本的比较而自发选择的结果。一方面,企业家需要充分考虑到,采用权威命令和计划方式组织生产会带来交易成本的节省、收益的增加;另一方面,企业家也要意识到企业边界并不能无限扩大,面临企业合理边界的选择问题。

这意味着,做出上述选择的企业家需要具备两种基本能力:一是面对市场中其他企业竞争的风险识别能力,二是生产组织失败的责任承担能力。我们所观察到的现实中的企业恰恰是由一个个盈利动机明确的企业家通过不断试错来逐步形成的。换句话说,看似有意识的企业"岛屿"最终能否生存,需要经过无意识的市场的检验。

了解科斯是如何看待市场与企业的关系以及市场与计划的关

**独角兽还是羚羊？**
**公司治理视角下的新经济企业**

系后,让我们试着猜测,如果科斯醒过来,他会怎么想数字经济?

其一,基于技术的金融创新或基于金融的技术创新,是有意识的企业在追求利润最大化过程中在"无意识的"市场中自发实现的。在"无意识"的市场"海洋"中,数字经济创新的主体始终应该是"有意识"的企业和居民个人。

容易让读者产生误解的是,随着数字经济的快速发展,是否意味着政府凭借大数据带来的兰格和哈耶克当年争论的"政府采用计划的信息瓶颈"的突破而使计划重新有所作为呢?对于这一问题的回答对于我国当下维护金融稳定所强调的"脱实向虚"具有特别重要的现实意义。

2017年10月,周小川曾就中国堆积如山的债务,尤其是国有企业和地方政府的债务发出警告,认为应推进财政改革以限制地方政府举债。我们看到国有企业的债务危机,是由于波兰经济学家科尔奈所说的,对国有企业"父爱主义"的预算软约束所导致,而地方政府的债务危机则直接与违反科斯的告诫有关。毕竟虽然政府看起来与计划相联系,但组成政府的政府官员既不像企业家一样具有明确的盈利动机、良好的风险识别能力,又不具有实质的责任承担能力,因而并不应该成为数字经济创新的主体。

如果在次贷危机爆发前,美国政府的一些官员并不希望简单凭借金融政策来迎合居民住房的需求,会出现局面不可收拾的全球金融风暴吗?如果在产业布局选择上,我们少一些产业政策的指引和扩张性财政支出的扶持,而是由企业家自发做出选择,我们会看到近年来供给侧改革所反复强调的去产能、去杠杆吗?

# 第四篇
## "独角兽"与新经济发展展望

因此,关于未来的金融政策制定,我们应该更加关注企业家围绕真实经营活动权衡收益、风险和成本所做出的融资决策这一真实的金融需求,而不是为了金融化而金融化,甚至使"央行成为印钞机"。做到了这些,自然就可以做到脱虚向实。

其二,数字经济的发展可以降低市场存在的信息不对称,但无法成为市场经济制度存在的基本信息交换功能的替代,更无法成为市场经济制度本身的替代。正如陈龙教授指出的,"所谓市场经济,就是一个信息处理系统,因为大量独立个体的参与,通过竞争中的价格发现机制,把各种有限、当地化、碎片化的信息加以汇聚,达到有效配置资源进行劳动分工的目的"。由此奥地利学派经济学家认为,市场是解决信息不对称的重要手段。

现实中银行和券商等金融中介机构的存在,不正是作为资金提供者的居民与作为资金需求者的企业面临的融资需求信息不对称的市场化解决方案之一吗?由于金融中介机构的存在,居民和企业围绕融资需求的信息不对称程度减缓。

陈龙教授在文章中提到一种有趣的现象,即伴随着传统企业规模的扩大,新兴企业的生命周期却呈现缩短趋势。如何逻辑一致地解释这一现象呢?我们看到,传统企业规模的扩大依赖信息技术的发展和计划性的提高是可以做到的,因为数字经济的发达会使企业的日常经营管理决策变得更加科学有效;但新兴产业的发展必须依赖同时具有风险识别和责任承担能力的不断试错的企业家,而大数据的出现显然无法代替企业家的风险识别和责任承担能力。

## 独角兽还是羚羊？
### 公司治理视角下的新经济企业

福特很早就说过，如果利用市场调查（当时的大数据）来研发生产你的产品，很多调查者更希望看到的是"更好的马车"，而不会是"汽车"。

如果我们把信息产业的发展寄希望于中央计划者的计划或政府相关产业政策的制定，而忽视识别风险和承担责任的企业家这一有意识"岛屿"，进而市场这一无意识"海洋"的凭借和依托，将无异于缘木求鱼，难免陷入"致命的自负"。面对激烈的市场竞争，新兴产业的发展仍然必须依赖企业家来识别风险、承担责任，企业家过去和现在依然是市场环境下十分稀缺的资源，我们要通过产权保护制度来大力培育。

因此，一个对待数字经济的正确态度是，我们应该重视其对金融创新、社会进步的巨大推动作用，但数字经济并不会成为政府计划和产业政策制定的合理借口，甚至成为市场经济基础制度的替代。因而，看上去很美的"大数据助计划经济"论和"共产主义将在我们这代实现"论并不像消费者能确实感受到的网上购物和虚拟货币结算那样真实靠谱。

其三，数字经济虽然不能成为市场经济基础制度的替代，但技术可以成为获得有利的控制权安排的关键资源，使"有意识"的企业变得更加"有意识"。在"企业的性质"这篇论文中，科斯除了指出企业的边界是基于生产组织交易成本的比较，还讨论了企业配置资源的实现方式，也就是依靠权威的命令和计划。随着现代经济学对企业理论认识的深化，今天我们将权威的分配更多地与企业控制权的安排联系在一起。

# 第四篇
## "独角兽"与新经济发展展望

简单回顾企业控制权安排的历史,在马克思看来,由于资本家对生产资料的占有,因而"资本"可以剥削"劳动";而现代公司治理理论注意到,由于经理人对私人信息的占有,因而"劳动"可以欺骗"资本"。我们看到,影响控制权安排的关键资源经历了从生产资料(资本)到信息,甚至到其他关键资源的转变。

例如,阿里通过推出合伙人制度,实现了持股仅13%的阿里合伙人的"劳动"对持股高达31%的软银和15%的雅虎的"资本"的"雇佣"。因而,未来不仅资本可以"雇佣"劳动,劳动同样可以"雇佣"资本。谁雇佣谁很大程度上取决于资源的关键程度。随着数字经济的发展,我们乐观地预见,技术同样可以并已经成为获得有利的控制权安排的关键资源。

循着科斯理解企业与市场边界的逻辑,如果科斯今天醒过来,他很大程度上会坚信,数字经济仅仅有助于改善市场机制"降低信息不对称"的功能,但并不能代替企业家的风险识别和责任承担能力。"有意识的企业岛屿"当然更无法代替企业所置身其中的"无意识"的市场机制本身。因为在科斯看来,计划一旦脱离企业这一市场主体,离开企业家的风险识别和责任承担能力,就会变为建立在"无源之水,无本之木"之上的空中楼阁。

# 新金融语境下的公司治理理念转变*

2017年10月27日,FT中文网以"时代落幕:港交所交易大厅关闭"为题报道了久负盛名的港交所交易大厅关闭这一消息。事实上,早在该交易大厅关闭之前,东京、新加坡、伦敦等交易所就已推出类似的举措。如果股票交易大厅关闭,让我们大胆猜测,银行交易大厅的关闭还会远吗?!应该说,新金融已经带来的和即将带来的远不止股票和银行交易大厅的关闭,它需要学术界认真地总结和思考新金融语境下传统金融学发展所面临的困顿以及金融学内涵的"不变"与"变",进而调整金融实践中的公司治理理念,以积极应对新金融带来的巨大挑战。

## 一、传统金融学发展面临的困顿

今天在我国高校金融学科教育中占据主导地位的仍然是在欧美学术界属于"宏观经济学"范畴的货币金融学,而欧美学术界视为标准金融学的公司金融和资产定价仅仅被作为开展宏观经济分

---

\* 本文根据作者在浙江大学中国互联网金融与新金融高峰论坛上的发言整理,曾以《新金融语境下的公司治理理念转变》为题发表于FT中文网,2017年11月27日;收录于本书时有改动。

# 第四篇
"独角兽"与新经济发展展望

析的基础,在我国一些高校中美其名曰"大金融"。在一定程度上,我们可以把上述"金融学"研究传统视为西方新古典综合派思潮与中国计划经济实践相结合的产物。然而,随着时代的变迁和新金融的蓬勃发展,传统金融学发展所面临的困顿不言而喻。概括而言,传统金融学的困顿主要来自以下三个方面。

第一,建立综合的、统一的学科体系的美好愿景和学科高度专业化分工的发展趋势背道而驰。20世纪五六十年代以萨缪尔森等为代表的新古典综合派,试图建立统一的新古典经济学分析框架。但萨缪尔森等所期待的"大经济学"这一梦想逐渐被微观经济学和宏观经济学分道扬镳、渐行渐远的无情事实打破。我们知道,宏观经济学的逻辑出发点是市场失灵,其直接政策主张是政府用"看得见的手"对经济进行短期干预。原因是,在宏观经济学的鼻祖凯恩斯看来,"从长期看,我们都将死去",而"我死之后哪管身后洪水滔天"。不同于宏观经济学,微观经济学信奉的是亚当·斯密的"看不见的手"理论。微观经济学家强调,追求利润最大化的企业,在完全竞争的市场条件下,将实现帕累托最优(一般均衡理论)。因而政府仅仅是"防火"的"守夜人",只有在"火灾"发生后才能派上用场。我们看到,微观经济学是对正统新古典经济学的直接继承和发扬。20世纪70年代以来微观经济学的重要分支——现代企业理论的发展也遵循着同样的逻辑。现代企业理论试图揭开企业这一"利润最大化黑箱",以促使企业更加蓬勃发展。毕竟,在经济学家看来,"企业最大的社会责任就是创造利润"(弗里德曼),需要自觉接受市场价格机制这只"看不见的手"的调节。事实上,随着

## 独角兽还是羚羊？
### 公司治理视角下的新经济企业

学术研究专业化分工的深入，关注政府行为、如今"麻烦"不断的宏观经济学与关注企业行为的微观经济学分道扬镳、渐行渐远已成为一个不争的事实。微观经济学者和宏观经济学者已经越来越听不懂彼此的术语，就像内科医生看不了外科的病一样，尽管他们都被称为医生。

在上述西方新古典综合派思潮下发展起来的"大金融"事实上面临着与"大经济学"发展同样的困境。传统上，所谓的货币金融学关注的是政府（央行）货币发行和货币政策制定，以实现宏观经济平稳运行为目标；而所谓的公司金融和资产定价则围绕企业和居民个人的投融资活动展开分析，以实现企业利润最大化和居民个人财富（效用）最大化为决策目标。随着对金融活动理解的深入，越来越多的学者意识到不能像经典理论一样把资金流动理解为一个从资本到更多资本（G—G′）的单纯货币现象，其原因是任何金融活动都离不开提出金融需求的企业和居民个人这一市场载体。而现实中的企业恰恰是由一个个盈利动机明确的企业家通过不断试错来逐步形成的。由于具有明确盈利动机、风险识别能力和责任承担能力的企业家在市场经济中的不可或缺和替代的地位，企业和居民个人（而非政府）成为开展金融活动和金融创新的主体。虽然政府看起来可以与计划相联系，但组成政府的政府官员有些既不像企业家一样具有明确的盈利动机，又不具有风险识别能力，更不具有实质的责任承担能力，因而并不应该成为金融活动与金融创新的主体。因此，在未来的金融政策制定上，我们应该更加关注企业家围绕经营活动权衡收益、风险和成本的融资决策

# 第四篇
## "独角兽"与新经济发展展望

所反映的真实金融需求,而不是为了金融化而金融化,甚至使"央行成为印钞机"。做到了这些,自然就可以做到我们当前经济发展中特别强调的"脱虚向实"。

我们同时注意到近年来货币金融自身关注的重点的一些变化。在经历了后次贷危机时代"彻底埋葬凯恩斯主义"的思潮之后,我们不得不惊呼,货币金融和宏观经济学开始变得"务实"了,不再那么好高骛远。货币金融学关注的重点开始从早期围绕经济增长的货币政策制定转变为目前更多地强调为经济发展创造稳定金融环境的货币政策制定。其背后原因同样是,人们越来越清楚,对于经济增长这一经济学研究的永恒主题,我们需要依靠被称为"经济增长国王"的企业家,而不是饮鸩止渴式的"通货膨胀刺激"性经济政策的制定。

第二,中国从计划经济向市场经济转型的完成使得企业和居民个人(而非政府)逐步成为金融活动和金融创新的主体和中心。货币金融学成为在我国占主导的金融学传统,一方面是受到20世纪西方新古典综合派思潮的影响,另一方面则与中国早期的计划经济实践密切相关。在计划经济时代,政府(中央计划者)是一切经济活动的中心。对于缺乏独立核算、指令性计划下的企业,"全国一盘棋",所谓金融问题仅仅是从政府视角出发的货币信贷政策制定。政府一方面通过货币政策制定来调动银行和居民的民间资源,另一方面则通过财政政策制定,以财政补贴,甚至发行国债的方式调动政府资源。金融学更多地被用来研究如何实现财政政策和货币政策之间的综合平衡。因而金融与财政"不分家"成为一部

## 独角兽还是羚羊？
### 公司治理视角下的新经济企业

分货币金融学者信奉的基本准则。我们看到,我国一些大学的财政和金融"不分家"的教学体系和学科设置就是受到苏联计划经济学科发展思维和我国早期计划经济实践的直接影响,逐步形成并沿用至今。在传统教科书中,金融学关注的是抽象的从资本到资本的流动,用政治经济学符号表示,就是 G—G′,而忽视了资本流动的载体是一个个充满生机的企业和鲜活的居民个人。

经过四十年的改革开放,伴随着我国从计划经济向市场经济的转型,企业和居民个人正在成为市场经济的主体和中心。如果我们的金融内涵还停留在关注资本的抽象流向,就金融看金融,必然导致脱离围绕企业经营活动权衡收益、风险和成本所形成的真实金融需求,背离实体经济。

第三,货币金融和宏观经济领域的学者进行了不同的探索尝试,希望一改传统金融学的困顿局面,但似乎收效甚微。围绕货币金融领域的老一辈学者希望打通货币金融和公司金融、构造统一综合的"大金融"的美好愿景,新一代货币金融和宏观经济领域的学者主要进行了以下几方面的尝试。其一,把公司层面的金融活动分析作为宏观经济分析的基础。这一尝试面临的问题是,对偏好迥异和约束各异的众多个体和组织活动进行加总,无论在理论上还是实践中显然都并非易事。诺奖得主阿罗曾经提醒我们,由于个体偏好的差异,通过"偏好的简单排序和加总"并不可能得到一个社会总的需求函数,从而制定令社会上所有人(获得剩余的)满意的价格。这在一定程度上意味着,市场这一"无意识"的"海洋"成为众多"有意识"的企业"岛屿"和居民个人连接的唯一途径。企业只需要有意识地创造利润,通过无意识市场"海洋"的"看不见的手"的自动调节,自然会实现帕累托效率状态。其二,与一些学者尝试模仿企业资产负债表建立国家资产负债表类似,一些学者最近试图借鉴公司金融资本结构选择理论的分析逻辑建立国家资本结构模型。用他们的说法,"应用公司金融理论来分析国家的资本结构,并为货币经济学、财政理论与国际金融学提供一个新的统一的微观基础"。然而,上述做法面临的困境是,政府无法像公司一样,在有意识的"岛屿"中做出明确的投融资决策,国家资本结构模型仅仅建立在基于国民经济核算体系的微观主体决策的加总之上。如果仅仅把国家资本结构用于国际经验比较,上述工作也许还可以部分揭示国家发展阶段的特征。但它显然无法像我们通常所理解的一个追求利润最大化的公司通过权衡权益融资与债务融资的收益和成本来确定最优资本结构一样显而易见。退一步讲,即使政府可以采用饱受诟病的产业政策和目前更多用来维持金融稳定的财政政策和货币政策来进行宏观调控,但由于微观主体"上有政策,下有对策"的理性博弈,也未必能够收到预期的调控效果。因此,寄希望于通过上述工作帮助一个国家选择最优资本结构,无异于缘木求鱼。

我们知道,现代金融学大厦建立的历史并不长,其标志是20世纪50年代两块基石的确立。基石之一是莫迪利安尼和米勒教授1958年发展的MM定理,揭示了财务经理如何选择最优资本结构的基准;基石之二则是马科维茨和托宾教授发展的资产组合理论,告诉我们"不要把鸡蛋放在同一篮子里"的分散投资理财方式。

**独角兽还是羚羊?**
公司治理视角下的新经济企业

我们看到,标准意义上的金融学,无论公司财务还是资产定价,无一不是围绕企业和居民个人这些市场中主体的投融资活动开展研究的。受特定时期学术思潮影响和基于特定历史阶段实践形成的仅仅关注资本抽象流向的"与财政不分家"的"大金融",不可避免地遭遇发展的困顿,亟待遵循金融内涵的发展逻辑和符合时代特征要求的"新金融"破茧而出。

## 二、新金融语境下金融学内涵的"不变"与"变"

面对传统金融学发展的困顿,新金融语境下的金融学应该具有怎样的内涵呢?

第一,基于技术的金融创新或基于金融的技术创新是有意识的企业在追求利润最大化过程中在"无意识"的市场中自发实现的;在"无意识"的市场"海洋"中,金融创新和金融活动的主体始终应该是"有意识"的企业和居民个人。现实中的企业是由一个个盈利动机明确的企业家通过不断试错来逐步形成的。由于看似"有意识"的企业"岛屿"最终能否生存,需要经过"无意识"的市场的检验,因此企业家需要具备明确的盈利动机、风险识别能力和责任承担能力。企业家在市场中地位不可替代的一个明证是,伴随着传统企业规模的扩大,新兴企业的生命周期却呈现缩短的趋势。其内在原因在于,传统企业的规模扩大依赖信息技术的发展和计划性的提高是可以做到的,因为数字经济的发展会使企业日常经营管理决策变得更加科学有效;但新兴产业的发展则必须依赖同

# 第四篇
"独角兽"与新经济发展展望

时具有明确盈利动机、风险识别能力和责任承担能力的企业家,而大数据显然无法代替企业家的上述功能。在我国初步完成从计划经济到市场经济的转型后,脱离作为市场主体的企业和居民个人谈金融需求和金融服务,无异于"镜中谈花""水中论月"。而上述认识对于摆脱以往从货币到货币研究范式"为了金融化而金融化"的局限,"脱虚向实",使金融回归到更好地为实体经济服务这一主旨具有特别重要的现实意义。在上述意义上,以政府融资活动为主体的"大金融"和"与财政不分家"的金融都无法称为新金融。

第二,数字经济的发展虽然可以降低市场存在的信息不对称,但无法成为市场经济制度存在的基本信息交换功能的替代,更无法成为市场经济制度本身的替代。在反思2008年爆发的全球金融风暴的思潮中,奥地利学派由于对市场内在机制的深刻认识而重新获得学术界的认同和重视。在奥地利学派看来,市场并非引起信息不对称,进而成为政府干预经济理由的"市场失灵"的原因。不仅如此,由于市场的存在一定程度上降低了不同个体和组织之间的信息不对称,因此市场反而成为解决信息不对称的重要手段。例如,需要外部融资的企业和进行储蓄的储户之间的信息不对称催生了对金融中介服务的市场需求,而金融中介组织的存在反过来降低了资金供需双方的信息不对称;而当金融中介组织的运行效率不能有效满足金融市场对金融中介服务的质量要求时,包括支付宝在内的各种新的促使交易成本降低的支付手段应运而生,成为金融中介服务的新生力量。我们看到,通过市场价格机制这

## 独角兽还是羚羊?
### 公司治理视角下的新经济企业

只"看不见的手"自动调节供求,实现不同个体组织之间的产品交换和信息交流,社会化大生产得以持续推进,最终带来市场中每个个体的福利改善。正是在这一意义上,张维迎教授强调"不是市场(在解决信息不对称问题上)失灵,而是市场经济理论(无法解释上述现象而)失灵"。

大数据的出现无疑将改善市场"降低信息不对称"的功能,从而使企业的日常经营管理决策变得更加科学有效。但由于大数据并不能构成具有明确盈利动机、良好风险识别和责任承担能力的企业家功能的实质性替代,因而其不会必然推动技术创新,进而推动制度创新。对于这一问题,福特很早就说过,如果利用市场调查(当时的大数据)来研发生产你的产品,很多调查者更希望看到的是"更好的马车",而不会想到"汽车"。原因是作为交通运输领域技术革命标志的蒸汽火车和汽车并非传统运输行业基于大数据预测和创新的,而是来自看起来没有关系的纺织行业。如今进入千家万户、很多人须臾不离的微信同样不是由通信科技的传统企业中国电信和中国联通基于大数据预测和创新的,而是来自最早从事计算机系统研发的腾讯;甚至被称为"支付业务领域的一场革命"的支付宝的发明同样也不是由开展传统支付业务的工、农、中、建等各类商业银行基于大数据预测和创新的,而是来自作为电商的阿里。

出于同样的逻辑,即使有大数据助力的中央计划者的计划或政府相关产业政策制定,也同样无法替代市场制度环境中具有明确盈利动机、良好风险识别和责任承担能力的企业家的功能。面

# 第四篇
"独角兽"与新经济发展展望

对激烈的市场竞争,新兴产业的发展仍然必须依赖具有明确盈利动机的企业家来识别风险、承担责任。企业家精神依然是市场环境下十分稀缺的资源,因而需要通过现代产权保护制度的建立和完善来大力培育。因此,一个对待数字经济的正确态度是:一方面,我们应该重视其对金融创新、社会进步的巨大推动作用;另一方面,我们需要清醒地意识到,数字经济并不会成为政府计划和产业政策制定的合理凭借,甚至成为市场经济基础制度的替代。

第三,对于确保投资者收回投资并取得合理回报十分重要的控制权安排,其决定因素经历了从生产资料(资本)到信息,再到技术等关键资源的转变。简单回顾企业控制权安排的历史,在马克思看来,由于资本家对生产资料(资本)的占有,"资本"可以剥削"劳动";而现代公司治理理论则注意到,由于经理人(劳动)对私人信息的占有,"劳动"可以欺骗"资本"。我们看到,影响控制权安排的决定因素经历了从生产资料(资本)到信息,再到包括数字、技术等其他关键资源的转变。

公司控制权安排上的一个制度创新来自阿里在美国上市时推出的合伙人制度。以马云为首的阿里合伙人通过推出合伙人制度有权对董事会组成产生实质性影响,形成对阿里的实际控制。在一定意义上,通过合伙人制度,持股比例仅为13%的阿里合伙人实现了其"劳动"对持股比例分别高达31%和15%的软银和雅虎的"资本"的"雇佣"。除了阿里的合伙人制度,一度被认为不利于投资者权益保护的具有不平等投票权的双重股权结构,由于在防范"野蛮人入侵"和鼓励创业团队进行人力资本专用性投资方面的独特作用,重新受到学术界的认同。例如,2014年在美国纳斯达克上市的京东同时发行两类股票,其中A类股票每股具有1份投票权,而B类股票每股则具有20份投票权。出资只占20%的创始人刘强东通过持有B类股票,获得了83.7%的投票权,实现了对京东的绝对控制。当王石管理团队为万科遭遇"野蛮人入侵"卷入股权之争而捉襟见肘、寝食难安、疲于应付时,"刘强东们"则可以心无旁骛地致力于业务模式创新。我们看到,决定阿里和京东上述控制权安排的显然并不是传统意义上的物质资本,而是阿里合伙人和刘强东等创业团队独特的业务发展模式所体现的人力资本的价值。

如果说金融学的内涵在"创新的主体是企业和居民个人"和"市场经济是基础制度环境"这两个方面并没有随着新金融的快速发展而发生改变,那么,对控制权安排主要影响因素的认识则经历了从资本到信息,再到技术(人力资本)等关键资源的转变。这意味着未来对于新金融内涵的理解不能再简单地局限于物质资本这种单一形态上,而应扩展到信息、技术乃至人力资本等其他关键资源。当然,在控制权安排的实现形式上,既可以是资本"雇佣"劳动,也可以是劳动"雇佣"资本。

## 三、新金融语境下公司治理理念的转变

尽管在新金融语境下,股票交易大厅可以关闭,但我们注意到,作为基本融资工具,权益与债务不同的融资实现路径并没有改

# 第四篇
"独角兽"与新经济发展展望

变,作为有价凭证,股票背后体现的所有者权益同样没有改变。投资者之所以愿意购买上市公司发行的股票,是由于公司向即将成为股东的投资者做出以下承诺:一方面,股东以出资额为限承担企业未来的经营风险;另一方面,股东则以投票表决的方式对资产重组等重大事项进行最后裁决。因而,股东享有的是所有者权益,它不同于债权人的(借贷)合同权益。虽然在新金融语境下,股票由早期的有价纸质票据("看得见、摸得着")变为现在以账户方式体现的电子有价凭证("看得见、摸不着"),甚至未来虚拟化("看不见、摸不着"),但持有人依然享有所有者权益的事实并不会发生改变。由于公司治理存在的法律和制度基础在新金融语境下没有发生实质性改变,因此在新金融语境下公司治理问题依然存在。只不过面对传统金融学的困顿,以及新金融语境下金融学内涵的"不变"与"变",公司治理理念需要相应做出调整和转变。那么,在新金融语境下公司治理理念应该发生怎样的转变呢?

第一,在控制权安排的实现形式上,既可以是资本"雇佣"劳动也可以是劳动"雇佣"资本,究竟谁雇佣谁,则取决于谁是进行专用性投资的关键资源。在学术界和实务界对控制权安排关键影响因素的认识经历了从生产资料(资本)到信息,再到技术,甚至人力资本等关键资源的转变后,在控制权安排的实现形式上,既可以是资本"雇佣"劳动,也可以是劳动"雇佣"资本。例如,通过推出合伙人制度,仅持股13%的阿里合伙人实现了"劳动"对持股比例分别高达31%和15%的软银和雅虎的"资本"的"雇佣"。京东通过发行双重股权结构股票,实现了刘强东对外部A股持有人分散股东所投资本的"雇佣"。因此,随着对影响控制权安排的主要因素从狭义的资本到广义的关键资源(信息、技术、人力资本)认识的转变,未来在控制权安排实现形式上,不仅会存在传统的"同股同权"模式,也会出现以不平等投票权为特征的双重以及三重股权结构股票,甚至允许阿里以合伙人制度的方式变相实现不平等投票权股票的发行。

第二,评价有效控制权安排的标准应该从传统的"股权至上"、仅仅强调对投资者权益的保护,相应转变为有助于代理冲突双方(经理人与股东)从短期雇佣合约转变到长期合伙合约,实现合作共赢。当万科股权之争各方围绕"谁的万科"争得不亦乐乎时,阿里却看上去既是主要股东软银和雅虎的,同时也是通过合伙人制度实际控制阿里的阿里合伙人团队的,因而是属于大家的。阿里通过推出合伙人制度改变了以往"铁打的股东,流水的经理人"的经理人与股东之间的短期雇佣关系,建立了"铁打的经理人,流动的股东",甚至"铁打的经理人,铁打的股东"这样一种长期合伙关系。从形式上看,软银等放弃了原本属于第一大股东的控制权,但通过放弃控制权,软银等从中赚得钵满盆满。我们因此需要颠覆以往的控制权安排"股权至上"、仅仅强调对投资者权益的保护这一传统认识。与控制权相比,合作共赢显然更加重要。在一定意义上,控制权不是用来占有的,而是用来放弃的。这事实上是东方"舍得"智慧的极佳体现。

第三,公司治理的政策目标应该从缓解代理冲突、降低代理成本转变为专业化分工实现的效率改善与代理成本降低之间的权

#  第四篇
## "独角兽"与新经济发展展望

衡。"现代股份公司是人类的一项伟大发明。"①由于现代股份公司的出现,资本社会化和经理人职业化所实现的社会分工带来的效率改善成为人类财富在过去 250 年实现垂直式增长的重要原因之一。虽然所有权与经营权分离实现的专业化分工带来的效率改善是现代股份公司的实质体现,但毫无疑问,二者的分离同时衍生出股东与经理人之间的代理冲突问题。Berle 和 Means(1932)在反思大萧条中现代股份公司所扮演的角色时,看到了所有权和经营权分离所产生的代理冲突构成对"过去三个世纪赖以生存的经济秩序的破坏"。Jensen 和 Meckling(1976)进一步将公司治理的政策目标明确为缓解代理冲突,降低代理成本。然而,所有权与经营权分离产生的代理冲突仅仅是专业化分工衍生出来的副产品。如果说专业化分工是第一位的,那么代理冲突只是第二位的。显然我们并不能因为看到处于第二位的代理冲突存在的问题,而放弃处于第一位的专业化分工带来的效率改善方面的巨大收益。因此,未来对于公司治理政策目标的制定,我们既要看到现代股份公司所有权与经营权分离所引发的代理冲突,同时又要看到资本社会化与经理人职业化这一专业化分工所带来的巨大效率改善,努力做到专业化分工实现的效率改善与代理成本降低之间的权衡。如果我们把传统公司治理政策目标的出发点比作"零和博弈",那么新金融语境下的公司治理政策目标的出发点应该是"合作共赢"。因此,公司治理未来不应一味地以"缓解代理冲突、降低代理

---

① 转引自 Lewis W.D., Newton W. P. The writing of corporate history[J]. The Public Historian, 1981, 3(3): 63。

成本"为政策目标,甚至像"防贼"一样限制经理人的一举一动。

如果我们按照上述公司治理政策目标重新审视阿里合伙人制度和京东双重股权结构股票发行背后的合理性,我们看到,通过把业务模式创新交给更具专业优势的创业团队,上述制度安排实现了创业团队经营管理决策的专业化与外部股东分担风险的专业化之间的深度分工,带来了效率的改善。

第四,随着对企业家从"代理冲突的缘起"到"经济增长的国王"的认识转变,公司治理理论研究与实践需要实现从"股东中心"到"企业家中心"的转变。

前面的分析表明,虽然数字经济的出现将改善市场"降低信息不对称"的功能,但它不会成为政府计划和产业政策制定的合理凭借,进而成为基础市场经济制度的替代。毕竟组成政府的政府官员既不像企业家一样具有明确的盈利动机,又不具有良好的风险识别能力,更不具有实质的责任承担能力,因而并不应该成为数字经济创新的主体。这使得企业家表面上看起来像"代理冲突的缘起",但实质却是"经济增长的国王"。面对激烈的市场竞争,新兴产业的发展仍然必须依赖企业家来识别风险、承担责任,企业家精神依然是市场环境下十分稀缺的资源。对于面对资源稀缺、以经济增长为永恒主题的经济学而言,公司治理研究范式未来需要实现从传统的"股东中心"到"企业家中心"的转变。未来我们同样需要在公司治理实践中通过现代产权制度和公司治理制度的建立和完善大力培育企业家精神,让企业家真正成为"经济增长的国王"。

# 以更加积极包容的心态应对数字经济的挑战*

2019年6月10日,联合国发布全球数字经济未来发展纲领性报告:《数字相互依存的时代——联合国数字合作高级别小组报告》。报告指出,数字时代全球的机遇大于风险,对数字经济的担忧会遏制全球创新,只有智慧的治理才会激发新的机遇。

大量的历史和文学作品曾经记载,当现代集约化的、精耕细作的农业生产方式代替刀耕火种的传统农业生产方式时,老一代农民表现出种种不适和情绪抵触。

历史和文学作品同样记载,尽管工业革命兴起带来了物美价廉的产品和服务,但是人们对其相伴而来的工人失业和环境污染的批评,有时甚至波及工业革命的价值本身。即使在今天,我们依然能不时听到这些批评之声。

应该说,每一次重大社会科技变革都会给人类社会带来新的冲击和挑战。从阿帕网(Arpanet)于1969年在美国诞生起,互联网

---

\* 本文曾以《以更加积极包容的心态应对数字经济的挑战》为题发表于经济日报-中国经济网,2019年6月27日;收录于本书时有改动。

## 独角兽还是羚羊？
### 公司治理视角下的新经济企业

已走过50个春秋。如今,一个新的重大社会科技变革扑面而来、这就是我们正在经历的数字经济。

概括而言,数字经济带给人类社会如下的变化和挑战。

其一,一方面,每个人身处无处不在的数字信息网络中,近似赤裸地暴露在"众目睽睽"之下,几无隐私保留,私人空间变得越来越狭窄;另一方面,数字经济带来了消费的升级和个人生活工作的极大便捷,使我们可以足不出户地品尝百年老店的美味佳肴,使很多名厨变成了我们的私人厨师,使很多公共空间重新"变回"了我们的私人空间。

其二,数字经济对传统实体经济的劳动力替代一方面导致大量实体店关闭和雇员下岗,另一方面则通过互联网虚拟世界,使很多人居家办公,成为网店的老板。

其三,我们一方面越来越严重地依赖手机等有限的电子产品获得信息,另一方面却可以越来越远离以往须臾不离的钱包、钥匙等必需品,以及电视、报纸等传统信息和娱乐源,更加轻松地面对生活的压力,面对未来的挑战。

我们看到,数字经济带给我们的这些变化和挑战,何尝不是从刀耕火种的传统农业生产方式步入现代农业生产方式的农民和工业革命冲击下面临失业威胁的工人所曾经感同身受的?当下的我们,完全有理由比我们的祖先以更加包容、更加乐观和更加积极的态度来应对这种挑战。正如马云先生所指出的,数字时代是我们面临的最大机遇,最大的风险是错失机会的风险。他说:"我们必须非常谨慎地制定政策和法规。一个成年人不能穿孩童时期的鞋

# 第四篇
## "独角兽"与新经济发展展望

子,它们会限制你的成长和潜力。"

那么,如何在数字经济时代实现个人隐私的保护和工作生活的便捷之间的平衡呢?这一数字经济时代人类面临的庄严和紧迫的议题,无疑需要各国政府的参与。国际社会需要在如何规范数字经济时代有关个人行为数字的采集、分享和保护的问题上达成共识。这就如同核能一方面可以用来制造核武器,成为杀人的武器,另一方面可以用来发电,成为高效清洁的能源。而各国达成的防止核扩散的公约将在一定程度上阻止核能成为杀人的武器,同时鼓励核能的和平利用。因此,加强各个国家之间的合作和交流,探讨如何在保护隐私和尊重人权的前提下实现数字共享变得十分重要。

与数字经济时代的来临相适应,上述议题的解决同样需要加强各国学者的交流和合作。围绕如何利用数字经济改善人类福祉,以及如何避免数字经济对人的隐私可能带来的伤害等问题,各国学者应该在技术层面、制度层面和文化层面展开充分的探讨和交流。而数字合作本身可以成为信任的源泉,有助于让各个利益方在特定事项上形成开展合作的习惯。例如,围绕如何制定标准和保持互通性、如何化解数字经济可能带来的风险和社会危害,以及如何推进数字技术的协同应用以实现可持续发展目标等,不同利益方应当在进行充分交流和沟通的基础上逐步建立信任。

对于经济学界,数字经济时代的来临也向经济学者提出了一系列有趣的研究问题。例如,在数字经济时代,对于占有信息的个人,我们应该如何界定数字的产权边界,并提供相应的私人产权保护？如何利用信息本身所具有的外部性在产权保护和造福社会之间进行很好的平衡？这里既涉及对传统产权理论的挑战,又涉及经济学外部性理论的创新。对于这些问题的回答,还有待于未来的深入观察和思考。

但无论政府的合作还是学者的交流,甚至经济学家的研究,都需要拿出更加开放包容和积极的心态。毕竟,人类社会经历的类似数字经济等重大社会科技变革带来的冲击和挑战显然不是第一次,当然也不会是最后一次。

# 从"股东中心"到"企业家中心":
# 公司治理制度变革的全球趋势\*

## (代后记)

公司治理是伴随着现代股份公司的兴起和权益融资需求的满足而衍生出来的一种同时涉及公司行为和国家法律环境的金融制度安排。Shleifer 和 Vishny(1997)把其概括为"使资金的提供者按时收回投资并获得合理回报的各种方法的总称"。按照科斯的观点,不同于依赖"看不见的手"——价格机制调节的市场,企业是通过权威的指令来进行资源配置。企业权威的分配和实施由此被科斯认为是现代公司治理的本意(Coase,1937)。围绕企业权威如何在现代股份公司治理利益冲突双方——所聘用的负责经营管理的职业经理人与出资设立股份公司的股东——之间分配的问题,公司治理实践中至少形成两种典型的范式。

一类为强调"股权至上"、股东为公司治理权威的"股东中心"的公司治理范式。我们以美国苹果公司为例。在苹果公司的发展

---

\* 本文曾以《从"股东"中心到"企业家"中心:公司治理制度变革的全球趋势》为题发表于《金融评论》,2019 年第 1 期;收录于本书时有改动。

## 独角兽还是羚羊？
公司治理视角下的新经济企业

历史上,对苹果公司做出突出贡献的乔布斯作为职业经理人一度被股东扫地出门;接替乔布斯成为苹果公司新一届 CEO 的库克 2015 年宣布财富捐献计划,其持有的苹果公司股份按当时苹果公司的股价计算仅为 1.2 亿美元。与今天一些公司 IPO 创始人身价动辄上千亿美元相比,库克的职业经理人的色彩浓郁;虽然富含高科技元素的苹果公司并非传统的制造业,但在中国郑州"苹果城",雇员超过 25 万人的富士康为苹果公司代工的事实一定程度上表明苹果公司依然属于制造业。

来自 IT 行业的谷歌从 2004 年在美国纳斯达克上市起就选择了一种与苹果公司完全不同的企业权威分配模式。谷歌发行的股票分为 A、B 两类。向外部投资人发行的为每股只有 1 份投票权的 A 类股票,而谷歌的两位共同创始人佩奇和布林以及 CEO 施密特持有的则是每股有 10 份投票权的 B 类股票。通过发行具有不平等投票权的 A、B 双重股权结构股票,创业团队将谷歌的控制权牢牢把握在手中,从而形成了以企业家为公司治理权威的"企业家中心"的治理范式。

在 La Porta 等(LLSV,1998)题为《法与金融》的著名文章中,发行 A、B 双重股权结构股票的"不平等投票权"被认为是与"同股同权"相比不利于保护外部分散股东权益的控制权安排。按照 LLSV(1998)的观察,在 20 世纪 90 年代只有约 6% 的美国公司采用这种股权结构,其市值约占美国股市总市值的 8%。

然而,近二十年来,伴随着以互联网技术为标志的第四次工业革命浪潮的深入,包括谷歌(2004 年上市)、脸书(2012 年上市)等在

# 从"股东中心"到"企业家中心"：
## 公司治理制度变革的全球趋势（代后记）

内的越来越多的互联网相关企业选择发行A、B双重股权结构股票上市。2017年3月，Snap甚至推出A、B、C三重股权结构股票。

由于我国境内尚不允许发行不平等投票权股票，截至2018年上半年，包括京东（2014年上市）、微博（2016年上市）、爱奇艺（2018年上市）等在内的33家境内企业采用了不同投票权构架在美国作第一上市，市值高达5 610亿美元，占所有在美国上市的116家境内企业市值的84%。而中国新经济企业的代表阿里和腾讯则以"合伙人制度"和"大股东背书"的模式完成了以企业家为中心的股权结构设计的制度创新。曾一度拒绝阿里上市的港交所在2018年4月正式宣布将允许"同股不同权"构架的企业赴港上市。2018年7月9日IPO的小米成为以发行A、B股方式在港上市的第一家境内企业。早在2018年1月，新加坡股票交易所就修改上市规则，推出了类似政策。而围绕如何使独角兽企业回归到A股，我国内地监管当局出台政策，允许在境外上市的独角兽企业同时在内地资本市场发行CDR。2018年9月26日国务院发布的《国务院关于推动创新创业高质量发展打造"双创"升级版的意见》中，正式提出未来将"允许同股不同权"，支持尚未盈利的创新型企业在A股上市。

我们看到，过去的二十年见证了股权结构设计理念从"同股同权"到"不平等投票权"的转变：不平等投票权股票的发行从被认为不利于保护外部投资者权益，到如今成为各国鼓励创新型企业快速发展的普遍政策工具；从个别新经济企业一度因违背"同股同权"原则而被拒绝上市，到今天各国和地区纷纷修改上市规则"拥抱"发行不平等投票权股票的新经济企业。以不平等投票权为标

### 独角兽还是羚羊？
### 公司治理视角下的新经济企业

志的企业家中心的公司治理范式正在演变为公司治理制度变革的全球趋势。

本文剖析公司治理范式从股东中心到企业家中心全球变革趋势下的理论和现实背景，梳理和总结企业家中心公司治理范式全球变革的特征，揭示这种全球变革趋势背后的经济学逻辑，为公司治理理论和实务界未来顺应这种全球变革趋势进行理论和实践的准备。本文以下部分的内容组织如下：第一部分讨论以企业家为中心的公司治理制度全球变革趋势形成的理论和现实背景；第二部分分析以企业家为中心的不平等投票股权结构设计理念和实践背后的经济学逻辑；第三部分和第四部分分别预测"企业家中心"的公司治理制度变革趋势在董事会制度建设和反并购等公司章程条款设计层面的可能表现形式；最后简单总结全文。

## 一、"企业家中心"的公司治理制度全球变革趋势形成的理论和现实背景

（一）对"Berle 和 Means 误导"的校准

Berle 和 Means 在 1932 年出版的《现代公司和私有财产》一书中正式提出了影响至今的现代公司治理问题。在这部以反思 20 世纪二三十年代全球经济大萧条出现的金融制度根源为题材的著作中，Berle 和 Means 认为大萧条的出现一定程度上与现代股份公司所扮演的消极角色有关。他们在书中抱怨道："随着公司财富的所有权变得更加分散，对这些财富的所有权与控制权已经变得越来越少地集中于同一个人之手。在公司制度下，对行业财富的控

# 从"股东中心"到"企业家中心":
## 公司治理制度变革的全球趋势(代后记)

制可以而且正在被以最少的所有权利益来完成。财富所有权没有相应的控制权,而财富的控制权没有相应的所有权,这似乎是公司演进的逻辑结果。"在所有权和经营权分离的现代股份公司,失去财富所有权的外部分散股东将面临只有控制权的职业经理人的挥霍和滥用,最终将使股东蒙受巨大损失,这不仅成为20世纪二三十年代大萧条爆发的金融制度根源,而且"对过去三个世纪赖以生存的经济秩序构成威胁"(Berle 和 Means,1932)。

Jensen 和 Meckling(1976)在 Berle 和 Means(1932)提出公司治理问题的基础上把委托—代理理论的框架应用到经理人与股东利益冲突的分析中,标志着公司治理学术研究的开始。他们的研究表明,代理冲突会产生代理成本,损害外部分散股东的利益。从 Jensen 和 Meckling(1976)开始,"缓解代理冲突,降低代理成本"被公司治理理论研究者和实践工作者概括为公司治理的政策目标。从上述经理人与股东代理冲突的逻辑出发,公司治理关注如何保护处于信息弱势的外部分散股东的利益,因而在理论研究和政策实践中主要围绕如何约束经理人(以及控股股东等内部人)利用私人信息谋取私人利益开展公司治理制度设计。我们把上述公司治理研究和实践范式称为"股东中心"的公司治理范式。在一定意义上,正是由于"股东中心"范式的成功推出,公司治理逐步成为成熟的学术研究和政策实践领域。

随着 La Porta 等(1999)提出"全球大企业中最重要的代理问题已经转为如何限制大股东剥削小股东利益的问题",借助金字塔结构、交叉持股等获得实际控制权的主要股东与外部分散股东之

### 独角兽还是羚羊？
### 公司治理视角下的新经济企业

间的利益冲突开始受到公司治理理论和实务界的重视。虽然股东内部的利益冲突被 Gordon 和 Roe(2004)称为"水平代理冲突",用以区分经理人与股东之间的"垂直代理冲突",但容易理解,无论主要股东还是经理人,对私人利益的追求都离不开对私人信息的占有,损害的依然是处于信息弱势的外部分散股东的利益(Gordon 和 Roe,2004)。在很多情形下,作为实际控制人的主要股东谋取控制权私人收益离不开经理人合谋。我们看到,尽管从 LLS(1999)开始,公司治理理论和实务界从单纯关注股东与经理人之间的代理冲突转为同时关心垂直和水平两类代理问题,但以"缓解代理冲突,降低代理成本"为目的的"股东中心"的公司治理范式并没有改变。

回顾现代股份公司的发展历史,我们发现,发轫于 1602 年荷兰东印度公司的现代股份公司不仅推动了资本主义在全球的风起云涌,而且为人类历史文明掀开了全新的一页。按照德龙(DeLong)教授的研究,在人类历史上 250 万年前旧石器时代至今的漫长岁月里,在 99.99% 的时间长度内,世界人均 GDP 基本没什么变化。但在过去的 250 年中,世界人均 GDP 突然有了一个几乎是垂直上升的增长。马克思同样提到"资产阶级在它的不到一百年的阶级统治中所创造的生产力,比过去一切世代创造的全部生产力还要多,还要大"[①]。这一切事实上都离不开现代股份公司这样一种支撑社会化大生产和工业革命兴起的生产组织制度的出现。巴特勒(Butler)甚至把现代股份公司认为是"近代人类历史中一项最重要

---

① 卡尔·马克思.资本论(第一卷)[M].北京:人民出版社,2004:690.

## 从"股东中心"到"企业家中心":
## 公司治理制度变革的全球趋势(代后记)

的发明",以至于"如果没有它,连蒸汽机、电力技术发明的重要性也得大打折扣"①。而现代股份公司之所以能够带来上述令人目眩的财富增长,恰恰是因为借助所有权和经营权的分离实现了经理人职业化和资本社会化的专业化分工(郑志刚,2016)。

我们看到,构成现代股份公司基本特征的所有权和经营权的分离,一方面带来了经理人职业化与资本社会化的专业化分工,使效率得以极大提升;另一方面则成为股东和经理人之间代理冲突的根源,产生代理成本。然而,让我们感到十分遗憾的是,受 Berle 和 Means(1932)反思大萧条情结的影响,公司治理理论界和实务界看到的更多是现代股份公司由于所有权与经营权分离产生的代理冲突和形成的代理成本,而在一定程度上忽略了现代股份公司最重要的经理人职业化和资本社会化的专业化分工。正确的公司治理制度设计理念应该是在现代股份公司专业化分工带来的效率提升与所有权和经营权分离衍生出来的代理冲突之间进行平衡。

随着以互联网技术为标志的第四次工业革命的兴起,对创新导向的企业组织构架设计理念和企业家精神的重视为我们重新审视传统的"股东中心"的公司治理范式提供了契机。

(二)第四次工业革命对创新导向的企业组织构架设计理念的现实需求

在互联网时代,一方面,"大数据"的数据采集方式和"云计算"

---

① 转引自 Lewis W. D., Newton W. P. The writing of corporate history[J]. The Public Historian, 1981, 3(3): 63。

## 独角兽还是羚羊？
### 公司治理视角下的新经济企业

的数据处理能力使长期困扰资本市场投融资双方的信息不对称问题有所减缓,例如,阿里巴巴集团旗下的新零售旗舰银泰商厦基于大数据分析可以将24—29岁的女性识别为目标客户,进行精准营销;另一方面,基于互联网技术的新兴产业日新月异的发展又使得投融资双方围绕业务发展模式的信息不对称加剧。长期以来,投资者习惯于基于现金流分析,利用净现值法判断一个项目是否可行。现在投资者可能突然发现,对于一些与互联网相关的业务,甚至很难理解特定业务模式的现金流是如何产生的。例如,瓜子二手车直卖网家喻户晓的广告词——"买主直接买,卖主直接卖""没有中间商赚差价"。那么,这些平台的现金流是从哪儿来的,我们又是如何估算的呢？我们看到,这些平台不再做传统中间商的生意,通过价差形成现金流,而是依靠网络点击等"流量"吸引第三方进行广告投入,赚取所谓的"流量红利"。而流量红利显然比可观察甚至可证实的价差(例如银行业务现金流的存贷利率差)难以估算得多,以至于有人说,"(互联网金融)做好是互联网金融,做不好是非法集资诈骗"。当二者的边界十分模糊时,显然不是每一个投资者都可以正确识别甚至把握业务模式的。小米创始人雷军曾经有句名言:"站在风口上,猪也能飞起来。"但问题是谁有能力识别那只即将飞起来的猪？谁又有能力识别自己是否站在风口？我们看到,随着第四次工业革命的深入和互联网时代的来临,外部投资者与创业团队围绕业务模式创新的信息不对称程度不是减缓了,而是加剧了。"专业的人办专业的事",对于围绕业务模式创新的专业决策,外部分散投资者不得不交给少数"术业有专攻"的企业

## 从"股东中心"到"企业家中心":
公司治理制度变革的全球趋势(代后记)

家来完成。

Bolton等(2006)指出,技术产生的不确定性甚至使得不同投资者之间的观点变得更加不一致,以至于认为股价虚高的股东很容易将所持有的股票转手给那些认为股价依然有上升空间的潜在投资者,使得现在"股东"与将来"股东"之间的利益冲突严重。与此同时,由于互联网时代专业化分工的深入,外部投资者缺乏专业的知识和分析能力,总体精明程度下降,甚至无法从财务信息披露本身判断一个经理人的薪酬是否合理(Frieder和Subrahmanyam,2007)。

由于上述围绕业务模式创新在投融资双方之间愈加加剧的信息不对称,在互联网时代,一个优秀的互联网创业团队如果依靠传统的"股权至上""同股同权"控制权安排模式来进行外部融资会出现怎样的结果呢?我们看到,由于信息不对称,业务模式创新的独特之处并不为外部投资者所知的互联网创业团队不得不向外部投资者让渡与出资比例对应的控制权,以换取外部资金的支持。而失去控制权进而失去独特业务模式开发的主导权显然并非互联网创业团队所愿意看到的结果。于是,信息不对称下通常面临的逆向选择问题出现了:一方面,希望获得外部资金支持来加速独特业务模式发展的互联网创业团队很难获得外部融资;另一方面,外部投资者很难找到具有投资价值的项目。因此,伴随互联网时代围绕业务模式创新的信息不对称,迫切需要资本市场出现一种创新导向的企业组织构架,以鼓励和保护创业团队的人力资本投资,同时向资本市场发出明确的信号,表明创业团队对业务模式创新的自信。

（三）对并购浪潮中的"野蛮人入侵"现象和如何鼓励人力资本投资的制度安排的反思

发生在美国20世纪七八十年代的并购浪潮为探索创新导向的企业组织构架设计积累了宝贵的经验和教训。除了认识到并购重组在缓解产能过剩方面、接管威胁在改善公司治理方面的重要作用，理论和实务界同样意识到以"野蛮人入侵"方式实现的外部接管对创业团队人力资本投资的巨大威胁。例如，乔布斯由于控制权的不当安排一度被迫离开自己亲手创办的苹果公司。如果预期到辛勤打拼创建的企业未来将轻易地被"野蛮人入侵"，沉浸在"早知如此，何必当初"反思情结中的创业团队的人力资本投资激励显然将大为降低。而没有对"野蛮人入侵"设置足够高的门槛不仅会挫伤创业团队人力资本投资的积极性，而且会伤及整个社会创新的推动和效率的提升。值得庆幸的是，乔布斯后来又回到苹果公司。以至于有人说，"如果没有乔布斯，我们今天使用的可能不是'苹果'（iPhone），而是'鸭梨'"！

防范"野蛮人入侵"事实上对中国资本市场的发展具有特殊的现实意义。从2015年开始，我国上市公司第一大股东平均持股比例低于用于"一票否决"的代表相对控股权的三分之一，我国资本市场进入分散股权时代。一个可以预见的结果是，并购行为将会比以往任何时候更加频繁，甚至不惜以相对极端的"野蛮人入侵"和控制权纷争的面貌出现。相应地，我国上市公司治理以往常见的经理人内部人控制等传统经理人机会主义行为倾向，逐步将被"野蛮人入侵"等股东机会主义行为所代替。包括我国在内的全球

## 从"股东中心"到"企业家中心"：
公司治理制度变革的全球趋势（代后记）

公司治理理论和实务界迫切需要探索互联网时代的公司治理制度设计，以积极应对互联网时代围绕业务模式愈加加剧的信息不对称和"野蛮人入侵"的股东机会主义行为频繁发生等问题。

在上述理论和现实背景下，我们注意到，公司治理范式开始从"股东中心"向"企业家中心"转变，并逐渐演变为公司治理范式转变的全球趋势。这种"企业家中心"的公司治理范式体现在各个方面。在股权结构设计上，体现为从"同股同权"转变为"不平等投票权"；在董事会制度建设上，体现为从专职的内部董事到兼职的独立董事；在对外部接管角色的重新认识上，体现为从外部治理机制到反并购条款中的相关限制。

## 二、不平等投票权和"企业家中心"的股权结构设计理念

资本投入反映的责任承担能力的现金流权与股东大会表决的投票权不一致的双重，甚至多重股权结构股票的存在已有上百年的历史。在发行 A、B 双重股权结构股票的公司中，Lease 等（1983，1984）观察到，每股具有多票投票权的 B 类股票的市场价值高于每股具有一票投票权的 A 类股票。不同投票权的股票市场价值的差异由此可以被用来度量实际控制人通过 B 类股票的持有预期可能获得的控制权私人收益（Lease 等，1983，1984；Nenova，2004）。

从现实中合约总是不够完全详备的视角出发，现代产权理论（Grossman 和 Hart，1986；Hart 和 Moore，1990；Hart，1995）认为，由于担心在不完全合约下投资后会被敲竹杠，投资者进行（专用性）

**独角兽还是羚羊?**
公司治理视角下的新经济企业

投资的(事前)激励就会不足。为了鼓励投资者进行投资,现代股份公司应该承诺,一方面,投资者以出资额为限(对错误决策)承担有限责任,另一方面,股东以在股东大会投票表决的方式对不完全合约未规定事项拥有最后裁决权。前者是反映股东责任承担能力的"剩余索取权",而后者是体现股东所有者权益的"剩余控制权",剩余索取权与剩余控制权的匹配由此成为产权安排的基本原则。"一股一票"所反映的股东集体享有所有者权益的事实被认为能更好地确立股东在公司治理中的权威,保护股东的投资权益。一些文献的研究进一步表明,"一股一票"的股东投票表决机制有助于减少经理人盘踞和内部人控制问题,保护中小股东的权益,因而"一股一票"背后的"同股同权"被认为是股权设计的基本原则(Grossman 和 Hart, 1987; Harris 和 Raviv, 1988)。

受上述文献影响,在 LLSV(1998)开展的评价各个国家或地区的法律或规定对投资者权益保护程度的著名工作中,他们也把是否实行"一股一票"作为评价法律或规定对投资者权益保护的重要指标,没有采用"一股一票"的国家或地区被认为法律或规定对投资者权益保护不足。在 LLSV(1998)的 49 个样本国家或地区中,真正实行"一股一票"的只有 11 个国家或地区。从表面上看,又被称为"不平等投票权股票"的双重股权结构股票似乎就与"同股同权"所宣扬的股权平等格格不入。

然而,与上述理论预期相反的是,从 21 世纪初以来,越来越多的高科技企业选择发行具有不平等投票权的 A、B 双重股权结构股票。除了谷歌(2004 年上市)、脸书(2012 年上市)等来自美国的高

## 从"股东中心"到"企业家中心":
## 公司治理制度变革的全球趋势(代后记)

科技企业,京东、百度、奇虎、搜房、优酷、猎豹移动、YY语音等来自中国的大量基于互联网的知名企业相继在美国以发行A、B双重股权结构股票的方式上市。美国由于允许发行双重股权结构股票,成为全球高科技企业选择上市的目标市场。我们以2014年在美国纳斯达克上市的京东为例。在京东同时发行的两类股票中,A类股票每股具有1份投票权,而B类股票每股则具有20份投票权。出资规模只占20%的创始人刘强东通过持有B类股票,获得83.7%的投票权,实现对京东的绝对控制。2017年3月2日在美国纽交所上市的Snap甚至推出了三重股权结构股票。其中,A类股票没有投票权,B类股票每股具有1份投票权,而C类股票每股具有10份投票权。分享全部C股的两位联合创始人Evan Spiegel和Bobby Murphy共拥有该公司88.6%的投票权,Snap的控制权由此被牢牢掌控在两位联合创始人手中。

除了以发行双重,甚至多重股票方式直接实现的不平等投票权的股权设计,来自中国的阿里则通过创建合伙人制度在"同股同权"构架下变相地实现了不平等投票权结构股票发行的目的。2009年设立的阿里合伙人制度,由于源于阿里合伙人早期创业的"湖畔花园公寓",因此又被称为"湖畔花园合伙人制度"。其设立的初衷是改变以往股东和管理团队之间的简单雇佣模式,打破传统管理模式的等级制度。成为阿里合伙人需要具备的条件包括必须在阿里工作五年以上,具备优秀的领导能力,高度认同公司文化,并且对公司发展有积极性贡献,愿意为公司文化和使命传承竭尽全力等。合伙人每年通过提名程序向合伙委员会提名新合伙人

## 独角兽还是羚羊?
### 公司治理视角下的新经济企业

候选人。员工在被提名为阿里合伙人之后,先要通过为期一年的考察期,然后进行合伙人投票,得票数不低于75%方能通过。合伙人由此"既是公司的运营者、业务的建设者、文化的传承者,同时又是股东,因而最有可能坚持公司的使命和长期利益,为客户、员工和股东创造长期价值"(马云)。

2014年9月19日,阿里在美国纽交所上市。从阿里上市时的股权结构来看,第一大股东日本孙正义控股的软银和第二大股东雅虎分别持有阿里31.8%和15.3%的股份。阿里合伙人共同持股13%,其中马云本人持股仅7.6%。那些没有跳出"同股同权"思维和受我国"一股独大"公司治理模式实践影响的学者一度认为"阿里是软银和雅虎等外资控股的企业"。一些学者甚至错误地认为,马云是为日本资本家孙正义打工,阿里的成功是日本对中国经济的重新控制和"新甲午战争"的胜利。

然而,阿里董事会的组织其实并非我们熟悉的"一股独大"模式下在第一大股东软银主导下的大包大揽。根据阿里公司章程的相关规定,以马云为首的28位(目前36位)合伙人有权任命阿里董事会的大多数成员。在阿里由11人组成的董事会中,除了6名外部董事,5位执行董事全部由合伙人提名。阿里的主要执行董事和核心高管都由阿里合伙人成员出任。而大股东软银在阿里董事会中仅仅委派了一名没有表决权的观察员。上述董事会组织安排意味着阿里合伙人在股东认同和公司章程背书下获得了委派董事比例超过持股比例的所谓"超级控制权",成为阿里的实际控制人。我们看到,虽然没有发行A、B股,阿里却通过合伙人制度在一股一

# 从"股东中心"到"企业家中心"：
公司治理制度变革的全球趋势（代后记）

票的传统构架下变相实现了"不平等投票权"股票的发行。这事实上同样是阿里当年申请在我国香港上市时，因违反"同股同权"原则遭拒而不得不远赴美国上市的原因。

除了阿里，我们从更早（2004年）以"大股东背书"模式在港交所上市的腾讯身上同样能观察到"企业家中心"的股权设计制度创新的影子。从持股比例来看，2004年腾讯在香港上市时马化腾和联合创始人张志东的合计持股比例仅为20.86%，远远低于来自南非的大股东Naspers。但大股东Naspers同意在董事会的人员配比上，与创始人对等委派，即每边各派2位。CEO由马化腾提名，CFO由Naspers提名。在重大的董事会决议和股东大会决议上，必须有超过75%的赞成票才能通过。这样的规定一定程度上可以保证马化腾等创始人在重大事项表决上具有一票否决权。我们看到，阿里和腾讯作为中国异军突起的互联网巨头能走到今天，除了业务模式创新上的独特之处，还与其"企业家中心"的股权结构的独具匠心的设计分不开。

对照现代产权理论（Grossman和Hart，1986；Hart和Moore，1990；Hart，1995）强调的"当合约不完全时，只有享有剩余控制权，一个投资者才有激励投资成为股东"，我们注意到，在具有不平等投票权的双重或多重股权结构下，投资者部分放弃控制权（例如京东的A类股票持有人和阿里的软银、雅虎等），甚至全部放弃控制权（例如Snap的A类股票持有人），却依然愿意购买上述公司的股票，成为其股东。在一定意义上，"企业家中心"的"同股不同权"股权设计实践向2016年诺贝尔经济学奖得主哈特（Hart）的现代产权

### 独角兽还是羚羊？
#### 公司治理视角下的新经济企业

理论提出了挑战。产权安排的一个新理念也许并不是为了控制而控制，而是为了更好地在参与各方之间实现合作共赢。

那么，不平等投票权股权结构设计又是如何实现在 B 类、C 类股票持有人对公司的实际控制与 A 类股票持有人的投资者权益保护之间进行平衡，从而实现双方的合作共赢呢？

第一，通过"同股不同权"的股权结构设计，以往代理冲突的双方（股东与经理人）实现了从短期雇佣合约向长期合伙合约的转化。如果我们把苹果的权威配置模式理解为一种短期雇佣合约，那么股东与经理人之间的关系可以描述为"流水的经理人，流水的股东"。例如，苹果 CEO 库克任何糟糕的业绩表现都会成为股东罢免他的理由。而不平等投票权构架则造就了一种企业家中心的权威配置模式，将"流水的经理人，流水的股东"演变为"铁打的经理人，流水的股东"；对于一些进行长期价值投资的战略投资者，甚至演变为"铁打的经理人，铁打的股东"。因此，不平等投票权构架实质上是完成了创业团队与外部投资者从短期雇佣合约到长期合伙合约的转化，由此在二者之间建立了合作共赢的长期合伙关系。我们以阿里合伙人制度为例。在"长期合伙合约"下的阿里合伙人成为阿里事实上"不变的董事长"或者"董事会中的董事会"。阿里由此不仅是软银、雅虎的，而且是马云等合伙人的，从而为双方的长期合作共赢打下了坚实的制度基础。

亚当·斯密在《国富论》中为我们描述了被雇佣的"打工仔"和作为主人的"合伙人"无论在心理还是行为上的差异。"在钱财的处理上，股份公司的董事是为他人尽力，而私人合伙公司的伙员则

# 从"股东中心"到"企业家中心":
## 公司治理制度变革的全球趋势(代后记)

纯为自己打算。所以,要想股份公司的董事们监视钱财用途,像私人合伙公司伙员那样用意周到,那是很难做到的。有如富家管事一样,他们往往拘泥于小节,而殊非主人的荣誉,因此他们非常容易使他们自己在保有荣誉这一点上置之不顾了。于是,疏忽和浪费,常为股份公司业务经营上多少难免的弊端。"①

第二,通过"同股不同权"的股权结构设计,股东负责"分担风险"和经理人负责"业务模式创新"之间的专业化分工进一步加深。现代股份公司由于实现了资本社会化和经理人职业化之间的专业化分工,与控制权和经营权不分的新古典资本主义企业相比,极大地提升了经营管理效率,带来了人类财富的快速增长。在不平等投票权的股权结构下,一方面,B类股票持有人(例如阿里合伙人)掌握控制权,专注于业务模式创新;另一方面,面对基于互联网技术的新兴产业快速发展日益加剧的信息不对称,A类股票持有人(例如软银、雅虎等)则"退化"为类似债权人的普通投资者,把自己并不熟悉的业务模式创新决策让渡给B类股票持有人,而使自己更加专注于风险分担。"让专业的人做专业的事",从而使资本社会化和经理人职业化之间的专业化分工在更深的层面展开。这事实上是现代股份公司诞生以来所秉持的专业化分工逻辑的延续,它同样是亚当·斯密在《国富论》中讨论"别针工厂"时提及的专业化分工思想的体现。"同股不同权"的股权结构设计对专业化分工加深的重视和强调也标志着公司治理理论和实务界逐步在理念和

---

① 亚当·斯密.国富论(上下册):英文珍藏版[M].西安:陕西人民出版社,2005:678.

行动中走出 Berle 和 Means(1932)的误导,从以往强调控制权占有转向追求专业化分工带来的效率改善和合作共赢。

第三,"同股不同权"的股权结构设计为创业团队防范"野蛮人入侵"设置了重要门槛,鼓励创业团队围绕业务模式创新进行更多的人力资本投资,迎合了互联网时代对创新导向的组织架构的内在需求。这一点对于进入分散股权时代的我国资本市场的现实意义尤为重大。以 2015 年万科股权之争为标志,"野蛮人出没"和控制权纷争成为进入分散股权时代的我国资本市场的常态。然而,当万科创始人王石率领的管理团队因宝能的举牌而焦头烂额、寝食难安时,刘强东、阿里合伙人通过发行双重股权结构股票或推出合伙人制度,将京东、阿里的控制权牢牢掌握在自己手中,从而可以心无旁骛地致力于业务模式创新,使得业务发展一日千里。我们看到,一方面,王石团队与宝能等围绕"谁的万科"争论不休;另一方面,"阿里不仅是软银、雅虎的,而且是马云创业团队的,是大家的"。这事实上同样是双重股权结构股票在经历了近百年的"不平等"指责后重新获得理论界与实务界认同的重要原因之一。

第四,面对资本市场中众多的潜在投资项目,"同股不同权"的股权设计向投资者展示了实际控制人对业务模式创新的自信,成为投资者识别独特业务模式和投资对象的信号。正如前面分析所指出的,新兴产业日新月异的发展使得创业团队与外部投资者之间围绕业务发展模式创新的信息不对称日益加剧。一方面,希望获得外部资金支持来加速独特业务模式发展的创业团队很难获得外部融资的支持,而另一方面,外部投资者则很难找到具有投资价

## 从"股东中心"到"企业家中心"：
公司治理制度变革的全球趋势（代后记）

值的项目，出现逆向选择的困境。如果说旧车市场是通过质量担保向买方传递旧车质量的信号来解决逆向选择问题，那么，资本市场很大程度上是通过"不平等投票权"股票的发行向外部投资者传递实际控制人对业务模式创新自信的信号来解决逆向选择问题。在上述意义上，不平等投票权股票的发行构成了博弈论中所谓的分离战略，成为创业团队传递业务模式独特性的重要信号。这一信号使创业团队与"同股同权"等传统股权结构设计模式相区别，吸引外部投资者选择创业团队的项目作为投资对象。

总结"同股不同权"的股权结构设计理念，我们看到，它是在长期合伙基础下实现的合作共赢，而不是简单的"谁雇佣谁"。在阿里，马云合伙人绝不是被软银和雅虎的"资本"简单雇佣的"劳动"。同样，软银和雅虎的"资本"也不是被马云合伙人的"劳动"简单雇佣的"资本"。雇佣关系背后体现的主仆关系很难成为平等的合作伙伴关系，要实现长期合伙下的合作共赢更是难上加难。在上述意义上，我们在此呼吁，在公司治理实践中，应该摒弃"你雇佣我"还是"我雇佣你"的思维，而是树立全新的合作共赢的合作伙伴的新思维。

事实上，不平等投票权股票的发行虽然在形式上是不平等的，但它却给投资者带来了更多的长期回报，实现了股东收益最大化，最终使合作双方在结果上是平等的。阿里 2014 年上市时的市值为 1 700 亿美元，仅仅四年之后，其市值就超过 4 000 亿美元。软银的孙正义曾经表示，在他投资的 800 多个项目中很多项目投资是失败的，但投资阿里的成功使其长期保持日本的"首富"地位。而 2004 年腾讯上市时仅仅投资 3 200 万美元的大股东 Naspers 在今年上半年第一次减持时每股收益翻了数千倍,成为真正意义上的"价值投资"。基于投资者是否愿意购买和以什么价格购买与B类股票投票权不同的A类股票完全是标准的市场行为,我们可以把外部股东愿意放弃坚持资本市场通行的"同股同权""股权至上"等原则而购买"同股不同权"股票的行为理解为外部投资者愿意向创业团队的人力资本投入支付溢价。

我们注意到,无论是阿里合伙人制度还是腾讯"大股东背书"模式,它们都没有发行A、B双重股权结构股票,但变相实现了"不平等投票权"股票的发行,成为股权结构设计上的重要制度创新。它们为新兴产业快速发展过程中面对存在的信息不对称和合约不完全问题时如何自发形成市场化解决方案提供了重要的借鉴。改革开放四十年以来,我国持续进行市场导向的经济转型。这一转型除了带来了我国经济的持续增长和使国民经济出现翻天覆地的变化,一个潜在的作用是市场经济根植和造就了企业市场的基因。作为市场主体的企业为了有效适应外部市场环境的变化,需要不断内生地创造出一些新的权威配置模式和股权结构设计理念。在上述意义上,我们十分认同歌德在《浮士德》中的观点:"理论是灰色的,而生命之树常青。"

## 三、"企业家中心"的董事会制度建设:从专职的内部董事到兼职的独立董事

按照科斯的原意,企业治理包括权威的分配和实施两个层面

## 从"股东中心"到"企业家中心":
## 公司治理制度变革的全球趋势(代后记)

(Coase,1937)。如果说"同股不同权"的股权结构设计是企业家中心的公司治理制度变革全球趋势在企业权威分配层面的体现,那么,与上述变化趋势相呼应,在权威的实施层面,企业家中心的公司治理制度变革主要体现为从专职的内部董事到兼职的独立董事(以下简称"独董")的企业家中心的董事会制度建设趋势和对外部接管威胁的重新认识两个方面。

与需要严格履行忠诚义务和勤勉义务的经理人相比,往往来自公司外部、利益中性的独董,其工作属性是兼职性质。从事独董工作的往往是其他公司的高管、律师和会计师事务所的执业律师和会计师,以及相关专业的大学教授。这些成为独董的社会精英更加看重的是其职业声誉,相对微薄的津贴至少不是他们十分看重的。这决定了独董重要的激励来源是出于对其职业声誉的考虑。上述这些特征使得独董往往不涉及生存压力的问题,"大不了一走了事",因而挑战董事会决议的成本比内部董事低得多。独董制度由此被认为是保护外部分散股东利益、对抗内部人控制的重要公司治理制度安排,在各国公司治理实践中被普遍采用。

我国从2002年开始推出独董制度,长期以来上市公司一直执行独董比例不能低于董事会全体成员的三分之一的规定。然而,从我国资本市场推出独董制度起,独董就与"橡皮图章"和"花瓶"等词汇联系在一起。其中既有独董的产生机制(从朋友和朋友的朋友中产生,并没有形成一个成熟的独董市场)、聘请独董的复杂动机(当初不少企业通过聘请前政府官员担任独董建立政治关联)、独董自身的激励不足(津贴性的独董薪酬,不与独董自身的努

## 独角兽还是羚羊？
### 公司治理视角下的新经济企业

力与风险分担挂钩)等制度层面的原因,又有逆淘汰说"不"独董的任人唯亲文化等文化层面的原因(郑志刚等,2012,2014,2017)。

如同在我国独董制度饱受批评一样,事实上,围绕董事会独立性应该加强和削弱的问题,在其他国家的公司治理实践中同样存在争议。2001年安然会计丑闻爆发后,有学者把它的董事会结构与同期巴菲特领导的Berkshire Hathaway公司的董事会结构进行了比较。在安然由17人组成的董事会中,除了担任董事会主席的Kenneth L. Lay和担任CEO的Jeffrey K. Skilling为安然的内部董事,其余15人全部为来自其他公司高管、非政府组织机构负责人和大学教授的外部董事。安然的公司治理结构无疑堪称董事会组织的典范。然而对照同期Berkshire的董事会结构可以发现,在Berkshire由7人组成的董事会中,来自巴菲特家族的就有3人,其中尚不包括他的两位被称为黄金搭档的长期合伙人Charles Thomas Munger和Ronald L. Olson。然而,令人费解的是,为什么偏偏在堪称董事会组织典范的安然爆发了会计丑闻,而以任人唯亲的董事会结构著称的Berkshire Hathaway却波澜不兴?

类似的疑问还来自次贷危机前后美国国际保险集团(以下简称AIG)的公司治理变革相关实践。一些学者把AIG在次贷危机中"不仅不保险,而且成为全球性风险的策源地"的原因部分归咎于危机爆发前其"公司治理结构的突变"。针对格林伯格(Greenberg)时代AIG公司治理制度设计存在的缺陷,AIG在其离职后的2005年结合全球公司治理改革潮流,主要进行了以下三方面的调整。其一是缩小了董事会的规模,人数由原来的18人降为危机爆

# 从"股东中心"到"企业家中心":
## 公司治理制度变革的全球趋势(代后记)

发前的 14 人;其二是提升了外部董事的比例,由原来的约 56%(18 人中 10 人为外部董事)调整为危机爆发前的 86%(14 人中 12 人为外部董事);其三是根据董事会的不同职能方向,增设了提名委员会等专业委员会。例如,董事提名从由以前职责笼统模糊的"董事和管理层提名"改为由职责明确的提名委员会提名。那些批评上述治理结构调整的学者认为,"外部董事主导的董事会,看上去更加独立,但是这份独立性的代价是专业性的丧失和内部控制的松懈",由此成为导致 AIG 危机爆发的诱因之一。

2018 年是次贷危机引发的全球金融风暴爆发十周年。在不断总结经验和教训中成长的 AIG 会在董事会结构上做出哪些重要改革和调整呢?出乎上述学者意料的是,在 AIG 目前由 15 人组成的董事会中,除了 CEO,其余 14 位成员全部为外部董事,董事会独立性在次贷危机发生十年后不是降低了而是进一步提高了。我们不妨再看一看当年安然事件爆发后由于采取传统董事会组织结构而名噪一时的 Berkshire 的董事会结构。值得我们关注的是,在过去十年中,Berkshire 同样提高了其董事会的独立性。在其 12 位董事会成员中,外部董事有 8 位,占比达到 67%。

我们注意到,AIG 与 Berkshire 提高董事会独立性的做法事实上与近二十年来公司治理实践逐步走出 Berle 和 Means(1932)的误导,形成"企业家中心"的公司治理范式不谋而合。按照 Jensen(1993),一个流行的董事会组织模式甚至是除了 CEO,其他全部为独立(外部)董事。除了由于挑战董事会决议的成本低更易于监督经理人("股东中心"治理范式理念的体现),董事会独立性的提高

**独角兽还是羚羊？**
公司治理视角下的新经济企业

至少在以下两个方面有助于"企业家中心"的公司治理范式的形成。其一是从内部董事的"随时监督"到"董事会开会时的监督"；其二是从日常经营的监督到重大事项的监督。这两种转变无疑将增加经理人的自由裁量权，使经理人的经营权与股东的所有权实现更大程度的有效分离。

上述董事会独立性加强的董事会制度建设全球趋势最终体现为独董监督效率的改善。一方面，对于以往董事应当监督到位的重大事项，通过引入利益中性、来自外部、更加注重声誉的独董来加强监督；另一方面，则通过"开会监督"和"重大事项监督"，独董摆脱了对具体业务过多的指手画脚，避免出现监督过度问题。二者的结合使独董监督效率得以改善。我们看到，这一变化趋势很好地体现了"企业家中心"治理范式所强调的在通过所有权与经营权的有效分离实现专业化分工带来的效率提升和二者分离衍生出来的代理冲突之间进行平衡的理念。董事会独立性的增强由此成为"企业家中心"公司治理制度全球变革趋势在董事会制度建设层面的反映。

鉴于目前我国很多上市公司"中国式内部人控制"问题泛滥，我们看到，董事会独立性在我国上市公司中同样不是应该如何削弱的问题，而是应该如何加强的问题。在我国很多上市公司中，由于金字塔式控股结构下所形成的所有者缺位和大股东的"不作为"，董事长成为公司的实际控制人。在改革开放以来并不太长的现代企业发展历程中，几乎每一个成功企业的背后都有一位作为企业灵魂和精神领袖的企业家。透过种种有形无形的社会连接和

## 从"股东中心"到"企业家中心":
## 公司治理制度变革的全球趋势(代后记)

政治关联,这些网络和链条交织在一起,使得看起来并没有持有太多股份,从而不具备相应的责任承担能力的董事长成为典型的"中国式内部控制人"。这些"内部人"可以利用实际所享有的超过责任承担能力的控制权,做出谋求高管私人收益的决策,而决策后果由股东被迫承担,造成股东利益受损。之所以称其为"中国式内部人控制",是由于在我国一些上市公司中,内部人控制形成的原因并非引发英、美等国传统内部人控制问题的股权高度分散和向管理层推行股权激励计划,而是与中国资本市场制度背景下特殊的政治、社会、历史、文化和利益等因素联系在一起(郑志刚,2018)。

通过提高董事会的独立性形成对内部人控制的制衡,显然对于缓解我国公司治理实践中普遍存在的"中国式内部人控制"问题十分重要。从推行独董制度十多年的经验证据来看,我国上市公司在引入独董制度后企业绩效确实得到改善。这表现在独董比例与企业绩效呈现显著和稳健的正相关关系。毕竟独董需要在关联交易、抵押担保等涉嫌损害股东利益的重要问题上出具独立意见,这客观上增加了信息的透明度和内部人损害股东利益的成本;而且一些独董对可能损害股东利益的议案出具了否定性意见(唐雪松等,2010;郑志刚等,2016)。从解决"中国式内部人控制"问题的现实需求出发,应当提高董事会中独董的比例,使来自外部、身份独立、注重声誉的独董成为制衡内部人控制的重要力量。

为了更好地发挥独董的制衡和居中调停的功能,一些国家在其公司治理实践中,甚至推出首席独立(外部)董事制度。我们以特斯拉为例。马斯克自2004年起担任特斯拉董事会主席,到2018

**独角兽还是羚羊？**
公司治理视角下的新经济企业

年由于特斯拉私有化不实信息披露遭受美国证监会处罚辞去董事长，任期长达 14 年。从特斯拉 2010 年上市以来，时任董事长马斯克一直兼任公司的 CEO。而公司现任董事 Kimbal Musk 是马斯克的弟弟。一个成熟的公司治理制度设计需要独立的第三方来制衡管理层，履行监督管理层和协调股东与管理层利益的职能，以此减少因担任董事长兼 CEO 职位而可能产生的任何潜在利益冲突。鉴于此，特斯拉从 2010 年上市之初即开始设立首席外部董事。目前的首席外部董事是 Antonio J. Gracias。

在我国资本市场进入分散股权时代后，内部人遭遇野蛮人所引发的股权纷争将成为很多公司不得不面对的公司治理议题（郑志刚，2018）。理论上，独董既非单纯的外部人（毕竟独董比其他任何第三方更加了解公司经营管理的实际情况），又非存在利益瓜葛的内部人。因而，信息更加对称、身份相对独立和利益趋于中性的独董在管理层与野蛮人的控制权纷争中扮演着重要的居中调停者角色。例如，当出现控制权纷争时，独董（甚至首席独立董事）可以居中协调，并最终通过股东大会表决，向在位企业家推出"金降落伞"计划，使其主动放弃反并购抵抗；独董主导的董事会提名委员会可以在听取在位企业家和新入主股东意见的基础上，遴选和聘任新的经营管理团队，避免控制权转移给公司发展带来的危机和阵痛，使公司能够持续稳定发展。

当然，由于目前我国上市公司独董的力量相对弱小，同时在保持自身的独立性和建立良好的市场声誉上存在这样那样的问题，因此在股权纷争发生后，独董要成功扮演可能的居中调停者角色，仍然还有很长的路要走。

## 四、"企业家中心"范式下对外部接管的重新认识：从外部治理机制到反并购条款的制定

传统上，除了缓解产能过剩、实现并购重组等资源重新配置功能，接管威胁还被认为是有助于迫使绩效不佳的管理层更迭，缓解内部人控制问题的重要外部治理机制（Scharfstein，1988；Hirshleifer 和 Thakor，1994；Harford，2003）。从对接管威胁的社会和经济功能之认识的已有文献来看，早期学术界和实务界对接管威胁的正面评价多于负面评价。然而，近二十年来，随着对美国 20 世纪七八十年代并购浪潮和"野蛮人入侵"现象的反思的深入，人们逐步认识到接管威胁作为"双刃剑"的另外一面。那就是，接管威胁，尤其是极端情形下的"野蛮人入侵"，并不利于鼓励创业团队人力资本的持续投入，不仅会损害创业团队人力资本投资的激励（例如苹果"同股同权"构架下一度被扫地出门的乔布斯），而且不利于社会范围内的制度创新和技术进步。但鉴于接管威胁和"野蛮人入侵"的诱因恰恰是内部人控制导致的股价偏离真实价值，理论界与实务界在围绕接管威胁的角色，进而公司章程中反并购条款的设计层面所达到的共识程度，远远低于在股权结构设计和董事会制度建设等层面的共识程度。

概括而言，在公司章程和相关公司治理制度建设中，旨在鼓励企业家人力资本投入、提高接管威胁和"野蛮人入侵"门槛的反并

购条款设计主要集中在以下几个方面。

首先是争议相对较小的任期交错的分类董事会制度。例如，特斯拉把董事会全体成员分为三类。每一类董事的任期为三年，任期交错。包括马斯克在内的一类董事的任期从 2017 年开始，到 2020 年股东大会召开结束；包括首席外部董事 Antonio J. Gracias 和马斯克弟弟 Kimbal Musk 在内的二类董事的任期从 2018 年开始，到 2021 年换届完成结束；而包括 Brad Buss 在内的三类董事则将于 2019 年进行换届选举。任期交错的分类董事会制度意味着完成全部董事会的重组，实现全面接管至少需要三年的时间。这是接管商在发起接管前不得不考虑的制度和时间成本，分类董事会制度由此可以起到延迟或阻止公司控制权转移的作用。事实上，任期交错的分类董事会制度在防范"野蛮人入侵"方面的重要性已经引起我国一些上市公司的重视。我们注意到，在 2015 年万科股权之争之后掀起的我国上市公司新一轮公司章程修改热潮中，一些公司推出了任期交错的分类董事会制度。

除了延迟或阻止公司控制权转移的节奏，任期交错的分类董事会制度还将有助于董事会实现平稳运行，使每位独董更好地履行监督职能。每次仅仅更换部分董事无疑避免了董事全部是新人需要花时间重新熟悉公司的尴尬和相应学习成本；老董事的存在有助于相关公司政策的延续，从而使公司政策保持稳定。向不合理的董事会议案出具否定意见被认为是独董履行监督职能的重要体现（唐雪松等，2010）。我国资本市场规定独董的任期不超过两届。为了获得第二届连任的提名，我们观察到，独董较少在第一任

## 从"股东中心"到"企业家中心"：
公司治理制度变革的全球趋势（代后记）

期出具否定意见，以免换届选举时被具有影响力的大股东逆淘汰。而在即将结束全部任期的第二任期内，声誉和违规处罚的担心将战胜连任的动机，独董此时出具否定意见的可能性更大（郑志刚，2016）。如果在我国资本市场普遍推行任期交错的分类董事会制度，一个可以预期的结果是，在每一阶段都存在处于不同任期阶段的独董，从而独董从整体上将更加稳定和流畅地履行监督职能。

其次是重大事项从简单多数通过到大多数通过。在特斯拉的公司章程中，关于修改和重述公司章程须经至少三分之二以上有表决权的股东批准的规定无疑将增加接管的难度和成本。而在腾讯"大股东背书"的案例中，公司所有股东大会或董事会决议案，都必须由股东大会或者董事会出席人员投票的75%通过才有效。这意味着8名董事会成员中，如果超过2名成员反对，则任何决议案都无法通过。而在腾讯董事会的8名成员中，有4名由创始人提名，这些"一致行动人"的存在使马化腾对重要事项的否决权始终可以大于等于50%。这样做的好处是在大股东的背书下，上述制度安排解除了马化腾等担心"野蛮人入侵"的后顾之忧，使他们可以心无旁骛地致力于业务模式创新。然而这样做的坏处是，容易形成内部人控制格局和盘踞效应，使外部股东的利益受到损害。

在实践中，围绕公司章程中的反并购条款制定，一些公司还引入了其他富有启发的条款设计理念。然而，这些条款设计理念带来的启发和争议一样大。例如，特斯拉的公司章程中规定，"限制股东召集特别会议的权利"；特别会议只能由董事会主席、首席执行官或董事会召集，股东不得召集特别会议。特斯拉的公司章程同时规定,"股东没有累积投票权"。由于缺乏累积投票权,持股比例有限的股东很难推选代表自己利益的董事进入董事会,从而难以围绕经营战略调整等重大事项上在董事会中发挥影响力。我们看到,这些条款的规定在看似有助于防范"野蛮人入侵"、确保创业团队对公司实际控制的同时,也在一定程度上不利于保护中小股东权益。一个合理的公司治理制度安排是在保障外部股东权益和鼓励创业团队围绕业务模式理念创新进行人力资本投资之间的平衡,而不是顾此失彼。

## 五、结论

与"一股一票"的"同股同权"相比,存在上百年之久的"同股不同权"股票的发行长期以来被认为是不利于投资者权益保护的股权设计。然而在沉寂了近百年,经历了美国 20 世纪七八十年代并购浪潮的洗礼后,"同股不同权"的股票发行作为防范"野蛮人入侵"、鼓励企业家人力资本投入的股权结构设计理念重新获得了理论界和实务界的认同。在过去的二十年,谷歌、脸书等通过发行 A、B 双重股权结构股票"直接完成"以及阿里通过合伙人制度和腾讯通过"大股东背书"模式"变相实现"的"不平等投票权"的股权结构设计理念的兴起,标志着公司治理制度出现从传统的"股东中心"向"企业家中心"的全球变革趋势。

概括而言,从"股东中心"向"企业家中心"的公司治理制度变革全球趋势的出现基于以下理论和现实背景:

# 从"股东中心"到"企业家中心"：
## 公司治理制度变革的全球趋势（代后记）

其一，对"Berle 和 Means 误导"的校准。受 Berle 和 Means（1932）反思大萧条情结的影响，长期以来，公司治理的理论界和实务界看到的更多是现代股份公司由于所有权与经营权分离产生的代理冲突和形成的代理成本，而忽略了所有权与经营权分离所实现的经理人职业化和资本社会化的专业化分工。实务工作者从现实需求出发，迫切需要探索确保经营权从所有权分离出来的制度安排，于是我们观察到，理论界和实务界不仅形成了对 A、B 双重股权结构股票发行的重新认识，更有来自阿里合伙人制度和腾讯"大股东背书"模式变相实现的"不平等投票权"的股权设计理念创新。理论界和实务界由此逐步走出"Berle 和 Means 误导"，朝着"企业家中心"的公司治理制度变革方面迈进。

其二，第四次工业革命对创新导向的企业组织构架设计理念的内在需求。随着第四次工业革命的深入和互联网时代的来临，一方面，"大数据"的数据采集方式和"云计算"的数据处理能力使长期困扰资本市场投融资双方的信息不对称问题有所减缓；另一方面，投融资双方对业务模式创新的信息不对称程度反而加剧了。对于业务模式创新等专业决策，外部投资者不得不交给少数"术业有专攻"的企业家来完成。于是，在第四次工业革命中，创新导向的企业组织构架设计理念提出了企业权威从"股东中心"转向"企业家中心"的现实需求。

其三，对并购浪潮中出现的"野蛮人入侵"现象和鼓励创业团队人力资本投资的制度安排的反思。如果不设置足够高的门槛，"野蛮人入侵"不仅将挫伤创业团队人力资本投资的积极性，其至

### 独角兽还是羚羊?
#### 公司治理视角下的新经济企业

会伤及整个社会创新的推动和效率的提升。从 2015 年开始,我国资本市场进入分散股权时代,"野蛮人入侵"和控制权纷争成为常态。因而,如何形成有助于防范"野蛮人入侵"的公司治理制度安排,对我国资本市场发展具有特殊的现实意义。

我们看到,正是在上述理论和现实背景下,公司治理范式开始从"股东中心"向"企业家中心"转变,并逐渐演变为公司治理范式转变的全球趋势。这种"企业家中心"的公司治理范式在股权结构设计上体现为从"同股同权"转变为"不平等投票权";在董事会制度建设上则体现为从专职的内部董事转变为兼职的独立董事;在对外部接管角色的重新认识上,体现为从外部治理机制转变为反并购条款中的相关限制。

与"股东中心"相比,"企业家中心"的股权结构设计理念从以下方面实现了效率的提升:

第一,通过"同股不同权"的股权结构设计,传统代理冲突双方股东与经理人实现了从短期雇佣合约向长期合伙合约的转化。不平等投票权构架则造就了一种企业家中心的权威配置模式,将"流水的经理人,流水的股东"演变为"铁打的经理人,流水的股东",甚至"铁打的经理人,铁打的股东"。由此,"同股不同权"的股权结构设计在创业团队与外部投资者之间建立了合作共赢的长期合伙关系。

第二,通过"同股不同权"的股权结构设计,外部股东和创业团队之间围绕风险分担和业务模式创新的专业化分工程度加深,迎合了互联网时代对创新导向的组织架构的内在需求。在不平等投

## 从"股东中心"到"企业家中心"：
公司治理制度变革的全球趋势（代后记）

票权的股权结构下，一方面，由创业团队掌握公司控制权，专注业务模式创新；另一方面，面对基于互联网技术的新兴产业快速发展日益加剧的信息不对称，外部股东把自己并不熟悉的业务模式创新相关决策权让渡给创业团队，"让专业的人做专业的事"，从而"退化"为类似债权人的普通投资者，使自己更加专注于风险分担。由此，资本社会化和经理人职业化之间的专业化分工在更深的层面展开。

第三，"同股不同权"的股权结构设计为防范"野蛮人入侵"设置了重要门槛，以此鼓励创业团队围绕业务模式创新进行更多人力资本投资。

第四，面对资本市场中众多的潜在投资项目，"同股不同权"的股权设计向投资者展示了实际控制人对业务模式创新的自信，成为投资者识别独特业务模式和投资对象的信号，使围绕项目投资出现的逆向选择问题得到缓解。

上述从"股东中心"到"企业家中心"的公司治理制度变革的全球趋势和相关实践有助于我们在公司治理制度建设和设计理念上形成以下全新的认识和思考：

第一，在股东与经理人这一传统代理冲突双方关系的认识上，我们应该从以往简单粗暴的"谁雇佣谁"转变为合作共赢。总结"同股不同权"的股权结构设计理念，我们看到，它是在长期合伙基础下实现的合作共赢，而不是简单的"谁雇佣谁"。在阿里，马云等合伙人绝不是被软银和雅虎的"资本"简单雇佣的"劳动"。同样，软银和雅虎的"资本"也不是被马云等合伙人的"劳动"简单雇佣的

### 独角兽还是羚羊?
### 公司治理视角下的新经济企业

"资本"。雇佣关系背后体现的主仆关系无助于利益冲突双方形成平等的合作伙伴关系,难以实现长期合伙下的合作共赢。

第二,在对公司治理中最重要的控制权安排(企业权威配置)的认识上,我们应该从以往一味简单强调"对控制权的占有",转变为如何形成创新导向的组织设计。面对激烈的市场竞争,新兴产业的发展必须依赖企业家来识别风险、承担责任,企业家过去是,现在是,将来依然是市场环境下十分稀缺的资源。企业家不再是Berle 和 Means(1932)看来的"代理冲突的缘起"(trouble-maker),而是"经济增长的国王"①。我们需要在公司治理实践中通过"企业家中心"的公司治理制度变革和创新大力培育企业家精神,让企业家真正成为"经济增长的国王"。在上述意义上,可以说,控制权不是用来占有的,而是用来放弃的。软银等看似放弃了原本属于第一大股东的控制权,但从中赚得钵满盆满。

第三,在对现代股份公司所有权与经营权分离的认识上,我们应该从以往公司治理理论和实践强调的避免所有权与经营权的分离,以免出现代理冲突,转变为通过合理的制度安排,使企业经营权能够从控制权中合理有效分离出来。这对于正在积极推进的国有企业混合所有制改革具有积极的借鉴作用。通过引入战略投资者,形成分权控制的格局,国有企业最终完成从"管人管事管企业"到"管资本"的改变,使经理人的经营权与资本的控制权形成合理有效的分离。

第四,在对股权设计中股东权益"平等"理念的认识上,我们应

---

① 约瑟夫·熊彼特.经济发展理论[M].北京:商务印书馆,1990.

# 从"股东中心"到"企业家中心"：
## 公司治理制度变革的全球趋势（代后记）

该从简单强调投票权的平等（形式上的平等）转变为关注投资回报收益（结果上的平等）。不平等投票权股票的发行虽然在形式上是不平等的，但它却给投资者带来了更多的长期回报，实现了股东收益最大化，最终使合作双方在结果上是平等的。

第五，在对公司治理政策目标的认识上，我们应该从简单地缓解代理冲突、降低代理成本，转变为专业化分工实现的效率改善与代理成本降低之间的权衡。我们看到，无论是谷歌、脸书、京东等以双重股权结构股票发行直接实现的不平等投票权，还是阿里通过合伙人制度、腾讯通过"大股东背书"模式变相实现的不平等投票权，实质上都做到了上述两方面的兼顾，在保证创业团队主导业务模式创新决策的同时，兼顾外部股东投资回报的最大化，实现了双方的长期合作共赢。

# 参 考 文 献

[1] Berle, A. A. and Means, G. C. The Modern Corporation and Private Property. 2nd ed.[M]. London: Routledge,2017.

[2] Berle, A. A. and Means, G. C. The Modern Corporation and Private Property [M]. New York: Macmillan,1932.

[3] Bolton, P., Scheinkman, J. and Xiong, W. Pay for short-term performance: Executive compensation in speculative markets[J].Review of Economic Studies, 2006,73(3): 577-610.

[4] Coase, R. H. The nature of the firm[J], Economica. 1937,4(16): 386-405.

[5] Desai, M. Capitalism the apple way vs. Capitalism the google way [N]. The Atlantic, 2017(10).

[6] Frieder, L. and Subrahmanyam, A. Executive compensation and investor clientele[R]. Purdue University Working Paper, 2007.

[7] Friedman, M. and Friedman, R. D. Free to Choose, A Personal Statement [M],New York :Harcourt Brace Jovanovich, Inc., 1979.

[8] Gordon, J. N. and Roe, M. J. Convergence and Persistence in Corporate Governance[M], Cambridge: Cambridge University Press, 2004.

[9] Grossman, S. J. and Hart, O. D. One share-one vote and the market for corporate control[J]. Journal of Financial Economics, 1987,20(1-2): 175-202.

[10] Grossman, S. J. and Hart, O. D. The costs and benefits of ownership: A theory of vertical and lateral integration [J]. Journal of Political Economy,

1986,94(4): 691-719.

[11] Harford, J. Takeover bids and target directors' incentives: The impact of a bid on directors' wealth and board seats [J]. Journal of Financial Economics, 2003,69(1): 51-83.

[12] Harris, M. and Raviv, A. Corporate governance: Voting rights and majority rules[J]. Journal of Financial Economics, 1988,20(1-2): 203-235.

[13] Hart, O. and Moore, J. Property rights and the nature of the firm[J]. Journal of Political Economy, 1990,98(6): 1119-1158.

[14] Hart, O. Corporate governance-some theory and implications[J]. Economic Journal, 1995, 105(430): 678-689.

[15] Hirshleifer, D. and Thakor, A. V. Managerial performance, board of directors and takeover bidding [J]. Journal of Corporate Finance, 1994,1(1): 63-90.

[16] Jensen, M. C. and Meckling, W. Theory of the firm: Managerial behavior, agency costs and ownership structure[J]. Journal of Financial Economics, 1976,3(4): 305-360.

[17] Jensen, M. C. The modern industrial revolution, exit, and the failure of internal control systems[J]. The Journal of Finance, 1993,48(3): 831-880.

[18] La Porta, R., Lopez-De-Silanes, F. and Shleifer, A. Corporate ownership around the world[J]. The Journal of Finance, 1999,54(2): 471-517.

[19] La Porta, R., Lopez-De-Silanes, F., Shleifer, A. and Vishny, R. W. Law and finance [J], Journal of Political Economy, 1998, 106(6): 1113-1155.

[20] Lease, R. C., Mcconnell, J. J. and Mikkelson, W. H. The market value of control in publicly-traded corporations[J], Journal of Financial Economics, 1983,11(1): 439-471.

[21] Lease, R. C., Mcconnell, J. J. and Mikkelson, W. H. The market value of

differential voting rights in closely held corporations[J]. Journal of Business, 1984,57(4):443-467.

[22] Lewis W. D., Newton W. P. The writing of corporate history[J]. The Public Historian, 1981, 3(3):63.

[23] Morck, R., Shleifer, A. and Vishny, R. W, Management ownership and market valuation:An empirical analysis[J], Journal of Financial Economics,1988,20(1-2):293-315.

[24] Nenova, T. The value of corporate voting rights and control:A cross-country analysis[J]. Journal of Financial Economics, 2004,68(3):325-351.

[25] Scharfstein, D. The disciplinary role of takeovers [J]. Review of Economic Studies, 1988,55(2):185-199.

[26] Shleifer, A. and Vishny, R. W. A survey of corporate governance[J], The Journal of Finance, 1997,52(2):737-783.

[27] Smith, A. The Wealth of Nations[M], New York:The Modern Library, 1937.

[28] 陈龙.如果哈耶克醒过来,会怎么想数字经济?[EB/OL].(2017-11-07)[2017-11-10]. http://finance.sina.com.cn/zl/management/2017-11-07/zl-ifynnnsc8550301.shtml

[29] 德龙.经济增长至关紧要[EB/OL].(2006-01-09)[2019-08-15]. http://opinion.caixin.com/2006-01-09/100304441.html

[30] 古伯察.鞑靼西藏旅行记:第2版[M]. 耿昇,译. 北京:中国藏学出版社,2012.

[31] 卡尔·马克思.资本论:第一卷[M].北京:人民出版社,2004.

[32] 李华.明清以来北京工商会馆碑刻选编[M]. 北京:文物出版社,1980.

[33] 李小加.新经济、新时代,香港欢迎您![EB/OL].(2017-12-15)[2018-01-01].https://www.hkexgroup.com/Media-Centre/Charles-Li-Direct/2017/Shaping-the-future-of-our-IPO-market?sc_lang=zh-HK

[34] 唐雪松,申慧,杜军.独立董事监督中的动机——基于独立意见的经验证据[J].管理世界,2010(9):138—149.

[35] 王熹,杨帆.会馆[M].北京:北京出版社,2006.

[36] 亚当·斯密.国富论(上下册):英文珍藏版[M].西安:陕西人民出版社,2005.

[37] 约瑟夫·熊彼特.经济发展理论[M].北京:商务印书馆,1990.

[38] 张思平.没有名牌大学的深圳,高科技产业是怎么崛起的?[EB/OL].(2018-10-27)[2019-09-01].http://finance.ifeng.com/a/20181027/16546499_0.shtml

[39] 郑志刚,李俊强,黄继承,胡波.独立董事否定意见发表与换届未连任[J].金融研究,2016(12):159—174.

[40] 郑志刚,梁昕雯,黄继承.中国上市公司应如何为独立董事制定薪酬激励合约[J].中国工业经济,2017(2):174—192.

[41] 郑志刚,梁昕雯,吴新春.经理人产生来源与企业未来绩效改善[J].经济研究,2014,49(4):157—171.

[42] 郑志刚,孙娟娟,Rui Oliver.任人唯亲的董事会文化和经理人超额薪酬问题[J].经济研究,2012,47(12):111—124.

[43] 郑志刚,邹宇,崔丽.合伙人制度与创业团队控制权安排模式选择——基于阿里巴巴的案例研究[J].中国工业经济,2016(10):126—143.

[44] 郑志刚.CDR:只是刚刚吹响上市制度改革的号角[N].经济观察报.2018-04-13.

[45] 郑志刚.市值管理的"误区"与公司治理的回归[J].证券市场导报,2016(3):1.

[46] 郑志刚.我们应该如何反思中国的"金融风暴"?[EB/OL].(2018-08-08)[2019-01-30].http://finance.sina.com.cn/china/gncj/2018-08-08/doc-ihhkuskt9888854.shtml

[47] 郑志刚.阿里上市启示录[J].21世纪商业评论,2014(23):24—25.

[48] 郑志刚.从明清蒙古聘礼看金融本质[J].中国金融,2018(22):104—105.

[49] 郑志刚.中国公司治理的理论与证据[M].北京:北京大学出版社,2016.

[50] 郑志刚.从万科到阿里:分散股权时代的公司治理[M].北京:北京大学出版社,2017.

[51] 郑志刚.当野蛮人遭遇内部人:中国公司治理现实困境[M].北京:北京大学出版社,2018.